코메니우스의
유아학교

요한 아모스 코메니우스 지음 | **이원영** 옮김

Johann Amos Comenius 1592 ~ 1670

학지사

역자 서문: 유아 교육의 시조 코메니우스를 만나며

내가 처음 코메니우스의 이름을 들었던 건 1961년 사범대학에서 교육사를 배울 때였다. 코메니우스는 세계 최초의 그림책인『세계도회(Orbis Pictus)』를 만든 사람이며, 무릎학교 이론을 주장해서 가정교육의 중요성을 강조했을 뿐 아니라 초등학교, 중등학교, 대학교라는 교육제도를 시작한 '현대교육의 아버지'라는 내용이었다.

유아교육을 전공하기 시작한 나에게 코메니우스는 대단히 중요한 인물로 다가왔다. 그런데 아무리 그 사람에 대해서 더 공부하고 싶어도 그 이상의 진전이 없었다. 코메니우스의 이름이 들어간 여러 권의 교육사 책을 읽다 보니 그의 유명한 교수-학습 이론이『대교수학(Didactica Magna)』이라는 책에 기록되어 있다는 것을 알게 되었다. 쉬운 것에서 어려운 것으로 가르치고, 감각적인 것을 먼저 가르친 후 추상적인 것을 가르칠 것이며, 아이가 아는 것에서 시작해서 모르는 것으로 옮겨 가며 가르치라는 그의 교수 원칙은 그 당시 학생이었던 나에게 아주 친숙하게 다가왔던 내용이다.

'현대교육의 아버지라는 사람이 유아교육을 어떻게 이렇게 잘 알까?' 하는 의아함이 있었다. 그러나 그가 유아교육과 어떤 관련을 갖고 있는지를 찾을 수 없는 형편이어서 호기심도 곧 사라져 버렸다.

1983년 중앙대학교에서 안식년을 받아 영국의 셰필드대학교(The University of Sheffield)에 갔을 때, 모든 업무로부터 자유로워져 무엇이든지 내가 원하는 일을 할 수 있던 그때, 내가 제일 시간을 많이 보낸 도서관에서 드디어 코메니우스를 다시 만날 수 있었다. 셰필드대학교 도서관 서가에 꽂혀 있는 코메니우스의 『The School of Infancy(유아학교)』 영문 번역판과 『Orbis Pictus(세계도회)』였던 것이다.

너무나 반가워 처음부터 대강 훑어보니 『Orbis Pictus』는 세계 최초의 그림책이 아니라 세계 최초의 그림이 있는 라틴어-모국어 사전이었다. 모국어라고 말하는 것은 라틴어를 자국의 언어로 번역할 수 있게 했다는 것이다. 코메니우스가 이 사전을 체코어로 처음 출간한 후 그 효율성을 인정해 많은 나라에서 자국어로 번역하여 아이들이 어려운 라틴어를 쉽게 배울 수 있게 했다. '아! 세계 최초의 그림이 있는 사전에서 아이디어를 얻어 후세 사람들이 그림책을 만들었기 때문에 현대 사람들이 세계 최초의 그림책이라고 생각하게 되었구나.' 하는 생각도 하게 되었다. 그러나 실제로 아동문학 장르 중 그림책이 출판되기 시작한 것은 18세기에 들어서였다.

이 책의 원서가 되었던 『The School of Infancy』는 한국으로 귀국할 때 복사본을 가지고 들어와서, 중앙대학교 대학원 학생들과 아동교육철학 시간에 읽곤 하였다. 엘러(Ernest M. Eller)가 1956년 번역한 이 영문판 역시 고어가 많아 어려웠다. 수업이 있었던 학기마다 다시 읽으며 가르치곤 했지만 번역에 자신이 없었다.

그러나 1984년 이래 중앙대학교 대학원에 2년마다 개설된 아동교육철학 강의를 위해 반복해서 읽은 결과, 이해가 가능했다.

현대교육의 아버지인 코메니우스는 개인적으로 너무나 모진 삶을 살았다. 먹을 것과 잠잘 곳이 없는 자신의 동포 모라비아인들을 거느리고 폴란드로 망명생활을 했을 뿐 아니라, 이들을 먹일 수 있는 재정을 확보하기 위해 이 나라 저 나라로 다니며 교육개혁 용역을 맡아 돈벌이를 했었다. 낮에는 자신을 고용한 사람들을 위해 일하고, 밤에는 교육제도와 교육방법을 개선하는 데 필요한 아이디어를 제공하기 위해 날을 새우며 글을 썼다.

영국, 스웨덴 등에서 그가 한 교육개혁의 우수성을 높이 산 미국의 하버드대학교가 그를 총장으로 모시고자 했지만 그는 동포들을 먹여 살리고 그들을 돌보기 위해 개인의 편안함을 좇지 않았다. 첫번째 부인과 아들, 두 번째 부인과 아이를 전쟁과 전염병으로 잃은 코메니우스는 그들이 그에게 짐이 되지 않게 하려고 하나님이 데려가신 걸로 알고 아주 열심히 자신의 교회와 동포와 교육개혁을 위해 헌신했다.

이 책의 2부에 해당되는, 코메니우스의 삶을 조명한 엘러의 글에서는 코메니우스가 대단한 사람이었음을 생생하게 알려 주고 있다. 그의 교육이론, 특히 유아교육 이론이 아이들을 직접 관찰하고 난 후 쓴 것이었기 때문에 지금도 그대로 유효한 이론이라고 했다.

역자 서문

존 듀이(John Dewey)의 그 유명한 'Learning by Doing' 이론도, 프뢰벨(Fröbel)의 놀이 이론도 코메니우스의 이 작은 '유아학교'에 핵심 개념이 소개되었었다.

코메니우스는 현대교육의 아버지일 뿐 아니라 현대 유아교육의 이론과 실제의 시조임을 이 책을 읽는 모든 이들은 알게 될 것이다. 유아교육철학, 아동교육철학, 부모교육 시간에 반드시 읽어 두어야 할 아주 중요한 책이다.

2022년 2월

이 원 영

I

유아학교

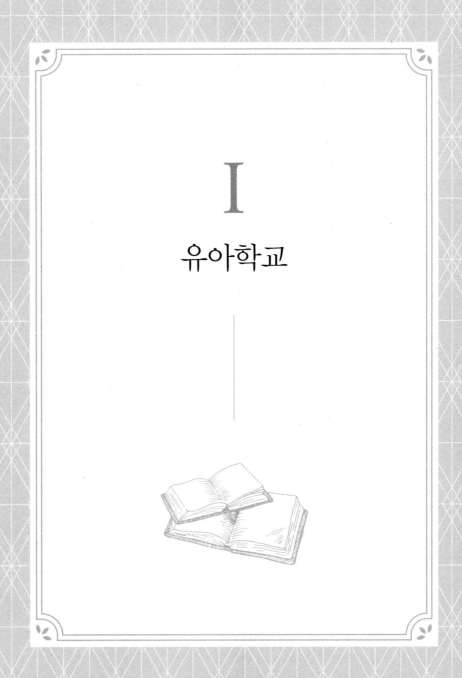

하나님께서 입증해 주셨듯이 인류의 가장 원초적인 보호는 요람부터 시작된다. "그들이 이르기를 그가 뉘게 지식을 가르치며 뉘게 도(道)를 전하며 깨닫게 하려는가? 젖 떨어져 품을 떠난 자들에게 하려는가?" (이사야서 28:9)

부패를 없애기보다는 미리 막는 것이 더 쉽다. 사실, 부패는 완전히 없어지지 않는다. 말하기를,

"모든 것은 근원에 달려 있다. 그리고 근원이 그렇다면 따라오는 모든 것도 그러하다."

그러므로 또한 그리스도가 명하길, "예수께서 보시고 분히 여겨 이르시되 어린아이들이 내게 오는 것을 용납하고 금하지 말라. 하나님의 나라가 이런 자의 것이니라." (마가복음 10:14)

솔로몬의 지혜: "마땅히 행할 길을 아이에게 가르치라. 그리하면 늙어도 그것을 떠나지 아니하리라." (잠언 22:6)

제 1 장

하나님의 가장 귀중한 축복,
측량할 수 없는 보물인 어린이는
우리의 진지한 관심을 요구한다

어린이들은 우리의 끊임없는 관심을 필요로 한다. 아이들은 하나님이 보증하시는 귀중한 보물이다. 성경에 "자식은 여호와의 주신 기업이요. 태의 열매는 그의 상급이로다. 젊은 자의 자식은 장사의 수중의 화살 같으니……"[1]라고 쓰여 있다.

또한 하나님이 그의 사랑을 우리에게 말씀하실 때, 그는 우리를 아이라고 부르신다. 마치 그보다 우리를 사로잡을 만한 더 좋은 말이 없는 것처럼…….

하나님의 아들이 사람의 모습이었을 때, 어린아이처럼 되기를 원하셨을 뿐 아니라 아이들은 기쁨이자 환희라고 생각하셨다. 그분은 그들을 형제자매로 팔 안에 감싸시고, 안아 올리시고 입 맞추시고 축복하셨다. 그분은 그들을 해하려고 하는 사람을 심하게 위협하시고, 가장 낮은 자리에서도, 그들이 그분처럼 존경받아야 한다고 말씀하셨다.[2]

만약 누군가가 왜 하나님이 어린아이들과 함께 하기를 그토록 기뻐하셨는지 알고 싶어 한다면, 그는 여러 가지 이유를 찾을 것이다. 첫째, 만약 지금 아이들이 중요하지 않게 보인다면, 지금의 아이들을 생각하지 말고, 하나님께서 그렇게 되도록 의도하셨다고 생각하라. 당신은 아이들이 미래의 주민, 영토의 소유자임을 기억하라. 우리가 생을 끝내고 이 세상에 없을 때 그들은 하나님의 창조물 가운데 대리인이 될 뿐 아니라, 우리와 같이 동등한 그리스도인이다. 고귀한 사제단, 선택된 민족, 천사의 동료, 악의 심판관, 천국의 기쁨, 지옥의 공포…… 영원의 후계자…….

필립 멜랑히톤(Philip Melancthon)은 초등학교 어린이들 주위에 둘러서 있는 학자들에게 이런 말을 했다.

> 환영합니다, 성직자, 의사, 변호사, 장학사 여러분! 환영합니다! 가장 귀하고, 가장 신중하고, 가장 박식한 지도자, 영사, 간부, 판사, 영주, 대법관, 장관, 집정관, 교수님 여러분!

몇몇 참석자들이 미소를 띠고 있을 때, 그가 말했다. "나는 농담하는 것이 아닙니다. 내 연설은 심각합니다. 나는 의식적으로 이 작은 어린이들을 지금과 같은 작은 아이로 보지 않고 앞으로 우리에게 가르침을 전해 줄 위대한 사람들로 봅니다. 밀 속에 있는 아이들과 겨 속에 있는 아이들이 섞여 있지만, 확실히, 이들로부터 지도자들이 나올 것입니다."

'하나님 나라'의 무한한 비밀을 자신 있게 밝히신 그리스도와 같이 왜 우리는 기독교인 부모를 둔 아이들이 영광스러운 미래를 선언할 존재라는 자신감을 갖게 하지 못하는 것인가?[3]

만약 우리가 그들의 현재 상태를 보고 있다면, 우리는 먼저 왜 아이들이 하나님에게 소중하고, 또 부모들에게도 똑같이 소중한지 그 이유를 봐야만 한다. 첫째, 원죄를 제외하고 그들은 순수하다. 그들은 아직 하나님의 형상을 손상시키지 않았고, 또 아직 오른손과 왼손, 선과 악을 분별할 수 없다.[4]

둘째, 그들은 회개하지 않은 불신자들을 제외한 모든 이를 구원하신 그리스도가 피로 사신 가장 순수하고 사랑스러운 재산이다. 아이들이 아직 그리스도에게 저항하지 않았으므로, "하나님의 나라가 이런 자의 것이니라……." 죄의 유혹에도 아직 더럽혀지지 않았기 때문에 아이들은 그분이 어디를 가시든 어린양 예수를 따른다.[5] 그리고 그들은 계속 그 길을 따를 것이므로, 그들은 신앙심이 깊은 교육자의 가르침을 받아야 한다.

마지막으로, 하나님은 신성한 영광의 특별한 도구가 될 아이들을 넘치는 사랑으로 안아 주신다. "유아들과 젖먹이들의 입술로부터 가장 완벽한 찬양이 나온다……."[6] "왜 하나님은 아이들로부터 피어오르는 영광을 받으시는지 우리는 이해할 수 없다. 그러나 모든 것을 꿰뚫어 보시는 하나님은 이해하시고 그렇게 선포하셨다.

부모에게 아이들은 금과 은보다, 진주와 보석보다 더 소중해야 한다. 그리고 그것은 하나님께서 이 두 가지를 비교하신 것에서 알 수 있다. 금과 은 같은 물건은 생명이 없고, 우리가 발로 밟고 다니는 진흙보다 좀 더 강하고 순수할 뿐이다. 그러나 유아는 살아 역사하시는 하나님의 살아 있는 형상이다…….

금과 은은 덧없고 일시적이다. 그러나 아이들은 영원불멸의 유산이다. 비록 그들은 언젠가 죽지만, 그들은 무로 돌아가지도 않을 뿐더러 없어지지도 않는다. 그들은 단지 죽는 육체에서 죽지 않는 육체로 바뀌는 것뿐이다. 그러므로 하나님이 욥에게 부와 재산을 두 배로 주셨을 때, 그분은 일곱 아들과 세 딸 이상은 주지 않으셨다. 그의 (이전) 아들과 딸들은 영원히 죽지 않고 하나님께 갔으므로, 이것은 틀림없는 두 배의 축복이었다.

금과 은은 땅에서 났고, 아이들은 우리의 몸에서 났다. 우리의 일부분으로서, 그들은 우리에게 사랑받을 가치가 있는 존재이다. 그들은 분명히 우리가 우리 자신을 사랑하듯이 우리로부터 사랑을 받아야 한다……. 만약 어떤 이가 금과 은을 더 사랑한다면, 하나님의 심판이 그의 어리석음에 내려질 것이다.

금과 은은 그 누구의 재산도 아니어서 소유주가 달라진다. 그러나 아이들은 하나님께서 내린 그들 부모만의 독특한 재산이어서 이 세상 아무도 그 권리를 그들로부터 뺏을 수 없고, 이 상속권을 몰수할 수 없다. 이것은 하늘로부터 내려온 것이고, 다른 사람에게 넘겨질 수 없다.

금과 은은 하나님의 선물이지만, 하나님은 그것들을 천사가 지키도록 약속하지 않으셨다. 아니, 악마는 부주의한 자들을 탐욕, 자만심, 방탕의 길로 끌어들일 때 그물과 덫을 사용하면서 금과 은으로 자신을 포장해 놓는다. 그러나 주께서는 아이들을 언제나 천사가 보호하도록 선포하셨다.[7] 그러므로 아기를 집안에 둔 사람은,

천사 또한 그와 머무른다는 것을 확신할 수 있다. 아기를 팔에 안고 있는 사람은 그가 천사를 안고 있다고 생각해도 된다. 한밤의 어둠으로 둘러싸여 있는 사람은, 분명히 어둠의 기운이 들어올 수 없는 아기의 평안함 옆에서 쉬면 된다. 얼마나 편한 곳인가! 이 소중한 보석이 가져다주는 축복이 얼마나 소중한가!

금과 은은 하나님의 사랑을 우리에게 가져오지 못할뿐더러, 아기처럼 그분의 분노로부터 우리를 막아 주지 않는다. 하나님은 작은 어린이들을 너무나도 사랑하시기에, 그들로 인해 가끔 그들의 부모를 용서해 주신다. 니느웨(Nineveh)가 바로 그 예이다…….[8]

하나님의 축복 없이는 음식물도 없고, 집도 없으며, 따뜻한 옷도 입을 수 없어 사람들의 삶은 그리스도의 말씀처럼 부유함을 누릴 수 없다.[9] 그러나 아이들을 위해서 그분의 축복은 언제나 주어진다. 루터가 현명하게 말하기를 "우리가 아이들을 키우는 것이 아니라, 그들이 우리를 살게 한다. 순수한 그들 덕분에, 하나님은 필요한 것을 공급하시고, 나이 든 죄인 같은 우리가 그들과 함께 살 수 있는 것이다."

마지막으로, 금은보석은 창조물의 가르침, 다시 말해 지혜의 증거, 하나님의 힘, 은혜와 같은 보다 소중한 것을 가르쳐 주지 않는다. 그러나 아기들은 우리가 지녀야 할 겸손, 친절, 자비로운 선행과 다른 기독교적 미덕을 비추어 주는 거울이다. 주께서 말씀하시길, "너희가 돌이켜 어린아이들과 같이 되지 아니하면 결단코 천국에 들어가지 못하리라."[10] 하나님께서 아이들을 우리의 선생님으로 의도하셨기에, 우리는 그들을 가장 많이 사랑해야 할 빚을 지고 있다.

Humanity.   CXV.   Humanitas.

Men are made for one another's *good*; therefore let them be *kind*.	*Homines* facti sunt ad mutua *commoda*; ergò sint *humani*.
Be thou sweet and lovely in thy *Countenance*, 1.	Sis suavis & amabilis *Vultu*, 1.
gentle and civil in thy *Behaviour* and *Manners*, 2.	comis & urbanus *Gestu* ac *Moribus*, 2.
affable and true spoken with thy *Mouth*, 3.	affabilis & verax, *Ore*, 3.
affectionate and *candid* in thy *Heart*, 4.	candens & *candidus Corde*, 4.
So love, and so shalt thou be loved; and there will be a mutual *Friendship*, 5.	Sic ama, sic amaberis; & fiat mutua *Amicitia*, 5.
as that of *Turtle-doves*, 6. hearty, gentle, and wishing well on both parts.	ceu *Turturum*, 6. concors, mansueta, & benevola utrinque.
Froward Men are hateful, teasty, unpleasant.	Morosi homines, sunt odiosi, torvi, illepidi.

코메니우스의 유아학교

제 2 장

왜 하나님은 아이들을 주셨는가, 유아교육의 목적은 무엇인가

영원히 곁에 두고 싶어 하시는 하늘의 보석인 아이들을 하나님은 왜 천사들처럼 한 번에 완전하게 만들어 보내지 않으셨는가? 궁금하지 않은가? 하나님이 그렇게 하신 것은 단 한 가지 이유밖에 없다. 그렇게 함으로써 하나님은 어린이를 키우는 일에 우리를 동지로 대우하신다. 우리는 이러한 일에 기쁨을 느낄 수 있을 뿐 아니라 영원을 위해 아이들을 올바르게 교육시키고 열심히 훈육시키게 된다. 사람은 밭을 갈도록 황소를 길들이고, 사냥을 위해 사냥개를 길들이며, 탈 수 있게 말을 길들인다. 왜냐하면 이 동물들은 이러한 목적으로 창조되었기 때문이다. 그러나 다른 어떤 창조물보다 더 고귀한 사람은 더 높은 목적을 위해, 즉 하나님의 형상에 도달하도록 교육해야 한다. 흙에서 온 육체는 흙과 섞여 다시 흙으로 돌아간다. 그러나 하나님의 영감을 받은 영혼은 하나님으로부터 와서 하나님 안에 거해야 하고, 하나님의 형상을 닮도록 자신을 높여야 한다.

그러므로 만약 부모들이 자녀들을 먹이고, 마시고, 걸어 다니며, 말하는 것, 옷으로 꾸미는 것만 가르친다면, 그들은 역할을 다 하는 것이 아니다. 이런 것들은 육체에만 해당하는 것이고, 육체는 인간의 전부가 아니다. 하늘에서 온 손님(이성적인 영혼)이 그 안에 거하므로 바깥 집인 육체보다 더 많은 관심을 기울여야 한다. 플루타크(Plutarch)는 신앙심과 미덕으로 영혼을 돌보지 않고 아이들에게 미와 풍요와 명예만을 주려고 하는 부모들을 비난했다. 그가 말하듯이, "그런 사람들은 발보다 신발을 더 가치있게 여긴다……." 사람의 가장 중요한 부분인 영혼을 가장 먼저 돌봐야 한다. 그래서 그것이 가능한 한 높은 차원에서 아름답게 광채나게 해야 한다. 다음으로는 불멸의 영혼이 잘 거하도록 육체를 돌봐야 한다.

하나님의 지혜가 진실되게 빛나는 길로 의식이 올바르게 인도되도록 하라. 그 자신 안에 신성한 형상의 존재를 감지하는 사람은 신실하게 하나님의 영광을 지킨다.

사람이 반드시 추구하고 후세에게 반드시 전해야 하는 천국의 지식은 두 가지이다.

첫째, 하나님과 그가 하신 모든 놀라운 일은 확실하고 참된 지식이다.

둘째, 자신을 조심스럽고 현명하게 조절할 수 있는 신중함과 현재의 삶과 미래의 삶에 따라다니는 모든 외적·내적 행동을 통제하는 침착성이다. 미래의 삶이야말로 본질적인 삶이다. 왜냐하면 정확하게 말해, 삶이란 죽을 운명을 가진 사람이 죽음을 향해 가는 것이기 때문이다.

현재는 진정한 의미로서의 삶이 아니다. 결과적으로, 미래를 위해 준비하도록 현재의 삶을 부여받은 사람은, 이 세상에서 그가 역할을 제대로 행했는지에 대해 심판받아야 한다.

그럼에도 불구하고 하나님은 많은 이들에게 긴 삶을 부여하고, 특별한 소명을 주며, 인생의 항로에서 신중히 행동해야 하는 다양한 상황을 그들에게 주신다. 그러므로 부모는 자녀들이 신앙뿐 아니라 도덕, 교양, 그리고 다른 필요한 것을 연마하는지 보아야 한다. 그렇게 하면 어린이들이 성장했을 때 종교, 정치, 시민의식, 사회적 관계 등 삶의 다양한 측면에서 일어나는 자신의 문제를 현명하게 처리하는 사람이 될 것이다.

하나님을 믿는 기독교인 부모들, 교사들, 후원인과
어린이들을 돌보는 책임을 맡은 모든 사람에게

사랑하는 이들이여.
당신들의 맡은 바 의무에 대해 여러분 모두에게 말하고자 하는 것이 나의 목적이기에 나로서는 다음의 세 가지를 밝힐 수밖에 없다.

I. 하나님께서는 당신이 보물처럼 귀중히 여기는 어린이들을 그대들에게 위탁하셨다.
II. 하나님께서는 어린이의 교육이 바르게 이루어져야 한다는 목적을 갖고 계시며 이를 그대들에게 (책임으로) 부여하셨다.
III. 젊은 세대는 좋은 교육을 너무나 갈망하기 때문에 만일 이를 성취하지 못한다면 필연적인 것을 잃는 것이다.

I. 유아학교

이러한 원칙을 설정하고 나는 당신들이 맡고 있는 유아기 어린이의 양육에 관한 여러 영역을 순서대로 설명하므로 나의 목적을 달성하고자 한다. 그대들의 지도 아래. 오 아버지여! 하늘과 땅의 모든 세대들이 결정된다.

-요한 아모스 코메니우스

이는 하나님이 진정으로 원하시는 바이다. 그러므로 현명하고 올바르게 내게 주어진 삶을 살아가면 그들은 큰 기쁨을 누리며 천국으로 갈 수 있을 것이다.

간단히 요약하면 유아교육의 목적은 하나님을 믿고 경외하는 것, 도덕적으로 바르게 생활하는 것, 언어와 예술을 이해하는 것, 이 세 가지이다. 이 목적은 여기에 제시한 순서대로 뒤바뀌지 않고 지켜져야만 한다…….

이 세 가지를 숙달한 아이를 집에 두고 있는 사람은 하늘로부터 식물의 씨를 받아 땅에 심어 물 주고 돌보아 꽃피고 열매 맺는 정원을 소유하고 있는 것과 같다. 그 집은 하나님이 영광의 그릇을 만들고 다듬어, 그 안에 하나님의 무한한 능력의 빛을 담는 성령의 작업실이다. 이런 천국에 살고 있는 부모들은 말로 표현할 수 없는 큰 축복을 받은 것이다. 안 그런가?

제 3 장
어린이들은 올바른 교육을
받고 싶어 한다

아이들은 자기 혼자 자신을 교육할 수 없다. 어린 묘목이 나무가 되려면 누군가가 묘목을 심고 물 주고 보호울타리를 쳐주고 받쳐주어야 하는 것처럼 끊임없이 노력하는 어른의 도움을 받아야 한다. 특정한 목적으로 설계된 나무 한 조각은 쪼개져야 하고, 평평하게 만들어져야 하고, 새겨져야 하고, 광택을 내야 하고, 착색해야 한다. 말, 황소, 당나귀, 노새는 인간의 생활에 도움이 되도록 훈련시켜야 한다.

사실 사람도 먹기, 마시기, 달리기, 말하기, 손으로 잡기, 노동과 같은 육체적인 행동을 훈련받아야 한다. 기도하건대, 부모가 그러한 의무를 이행하지 않아도 유아들이 감각적인 것과는 거리가 있는 고차원적인 신앙심, 선행, 지혜와 지식을 스스로 배울 수 있을까? 이 모든 것은 불가능하다…….

하나님은 부모님에게 이 의무를 부여하셨다. 부모들은 현명하고 부지런히 지식과 관련된 모든 것과 하나님을 두려워하는 마음을 아이들의 부드러운 마음에 스며들게 해야 한다. 부모들은 집에 앉아 있을 때나, 길을 걸어갈 때나, 누워 있을 때나, 일어나 있을 때나…… 항상 앞에 말한 내용에 대해 이야기 나누어야 한다.

그러나 일, 가족, 유아교육이 별로 중요하지 않다는 그릇된 개념 때문에 부모들은 자주 그들의 아이들을 서투르게 지도하거나 아예 무능하게 행동한다. 그러므로 과거 선진국의 부모들은 바르고 현명하고 선한 사람들로부터 지도받게 하기 위해 아이들을 그 사람들에게 보냈다. 이들은 교육자(지도자, 아이들을 조종하는 사람이 아닌), 스승, 선생님, 박사였다. 교육을 위해 설계된 곳을 칼리지(college), 짐나지아(gymnasia), 학교(school)라고 불렀다(즉, 조용하고 편안한 곳 또는 글을 재미있게 보는 곳이라는 의미). 이런 이름들은 가르치고 배우는 그 자체가 기쁘고 유쾌한 것이고, 단순한 놀이이자 지적인 기쁨이라는 것을 의미한다.

그러나 그 기쁨은 시간이 지나면서 모두 사라지고, 학교는 더 이상 놀이와 기쁨의 장소가 아닌 곳이 되었다. 학교는 고통과 번민의 힘든 장소가 되었다. 교사들이 하나님의 경건함과 현명함으로 교육받지 않은 무능력한 사람들이라면 이것은 특히 더 그렇다. 그들은 나태함으로 마비되어 있고 비열한 비도덕자로 전락했으며 자신을 교사라고 부르면서도 최악의 본보기를 보이고 있다. 그들은 신앙, 신의 뜻, 건전한 도덕이 아닌 미신, 방정맞음과 부도덕함을 아이들에게 불어넣는다.

진실된 방법은 모르고 지식만을 두들겨 넣는 그들은 "어깨에 칼

날로 생긴 상처를 많이 가진 사람처럼 보인다……."는 옛말처럼 무자비하게 아이들에게 고통을 준다. 비록 선각자들이 이 유감스러운 상황을 다소 향상시키기는 했지만 아직 멀었다. 하나님은 그의 영광을 나타내고 아이들에게 즐거움을 주는 더 나은 방법으로 교육하라고 우리에게 일거리를 주셨다.

이제 아이의 초기 6년간 가정교육에 적용할 수 있는 교육 방법을 하나님의 축복과 함께 제시하고자 한다.

제 **4** 장

아이들이 반드시 배워야 할 내용

태어난 후 아기들이 점차적으로 경험해야만 하는 것은 무엇일까?
아기들이 그런 일을 처음부터 익히면 여섯 살 되었을 때
그러한 일들을 능숙히 다룰 수 있게 될 것이다.

　　오래된 나무의 가지들이 어떤 형태를 가지고 있든(어떤 모양으로 뻗쳐 있든), 그 가지들은 처음 자랄 때부터 그런 모양으로 될 수밖에 없음을 우리들은 잘 알고 있다고 본다. 반대로는 되지 않기 때문에 누구나 알고 있다. 때문에 인간도 몸과 영혼이 처음 형성될 때, 그가 일생 동안 지니고 살 방식대로 어려서부터 그렇게 형성되어야만 한다.

　　하나님은 고질적으로 나쁜 사람(bad man)을 완전히 변화시켜 쓸모 있게 만들 수 있으시지만, 보통 자연의 상황에서는 이런 일은 거의 일어나지 않는다. 본래 유년기에 형성된 것은 나중까지 남아 있게 된다. '유년 시절에 추구한 것은 장년기의 즐거움이 된다.'라는 속담처럼, 어린 시절에 뿌린 대로 나중에 열매를 수확하게 된다.

　　때문에 부모들은 아이들의 교육을 학교 선생님이나 교회 교역자들에게만 맡겨서는 안 된다. 왜냐하면 구부러지게 자란 나무를 곧

게 바꿀 수 없는 까닭이다……. 그러나 하나님과 사람 앞에서 은혜와 지혜로 성장하기 위해서는 하나님으로부터 받은 자신의 보물을 어떻게 다루어야 하는지 스스로 알아야만 한다.

모두가 하나님을 섬기고 타인에게 도움을 주기 위해 역량을 갖추어야 하는 만큼, 나는 어린이들이 경건, 도덕, 건전한 학습, 그리고 건강에 대해 가르침을 받아야 한다고 주장한다.[12] 부모들은 자녀가 아주 어렸을 때부터 이러한 기초를 쌓아 주어야 하는데 첫 6년 동안 다음과 같은 것을 가르쳐야 한다.

경건　경건은 참되고 건강에 좋은 것으로, 다음 세 가지로 구성되어 있다.

- 우리의 마음은 언제 어디서나 하나님을 향해 있어야 하며 우리가 행하고 말하고 생각하는 모든 것에 앞서 하나님을 찾아야만 한다.
- 하나님이 가지신 섭리의 단계를 발견해 갈 때, 우리의 마음은 언제 어디서나 존경 · 사랑 · 순종할 준비를 하면서 하나님을 따라야만 한다.
- 따라서 항상 하나님을 생각하고, 하나님과 대화하려고 노력한다. 하나님을 모시는 마음은 평화와 위로와 기쁨을 깨닫게 한다.

이 참된 경건은 인간에게 하나님에 대한 즐거움을 가져다준다.

경건의 토대는 어쩌면 6세 이하의 유아에게 너무나 인상적인 나머지 어린이로 하여금 다음을 알게 할 것이다. ① 하나님은 살아 계신다. ② 그분은 어느 곳에나 현존하시고 우리를 보고 계신다. ③ 하나님은 당신에게 순종하는 자들에게 먹을 것, 마실 것, 의복, 그 외 필요한 모든 것을 충분히 주신다. ④ 부도덕한 자들과 완고한 자들에게는 죽음으로 벌하신다. ⑤ 따라서 하나님은 반드시 경외하여야 하며 반드시 도움을 청하는 대상이어야 하고, 아버지로서 사랑해야 할 존재이다. ⑥ 모든 것은 반드시 하나님이 명하신 대로 되어야만 한다. ⑦ 마지막으로, 우리가 선하고 정직하면, 하나님은 우리를 천국으로 데려가신다.

유아는 여섯 살이 될 때까지 반드시 이와 같은 연습을 하면서 하나님께 향하도록 인도되어야 한다고 나는 주장한다.

도덕과 덕　　유아들은 반드시 도덕과 덕, 특히 다음의 사회적 덕목을 훈육받아야 한다. 절제에 있어서 유아들은 먹을 만큼 먹은 후에 과도하게 마시고 먹지 않는 것을 배워야 한다. 청결과 단정함에 있어서는 음식, 의복, 신변 관리를 예의바르게 하는 것을 몸에 익혀야만 한다.

존경심　　윗분에 대한 존경심을 배워야 하는데 유아들은 자신의 행동, 대화, 버릇을 조심해야만 한다.

공손　　윗분의 끄덕임(명령의 뜻으로)과 목소리에 즉각 반응하여 모든 일을 지체 없이 실행해야만 한다.

공정함　　특히 사실대로 말하는 데 길들여져서, 아이들이 하는 말은 그리스도의 가르침과 일치되어야 할 필요가 있다……. 아이

Moral Philosophy.　　CIX.　　Ethica.

This *Life* is a *way*, or a *place divided into two ways*, like *Pythagoras's Letter* Y. broad, 1. on the left hand track; narrow, 2. on the right; that belongs to *Vice*, 3. this to *Vertue*, 4.	*Vita* hæc est *via*, sive *Bivium*, simile Litteræ *Pithagoricæ* Y. latum, 1. sinistro tramite angustum, 2. dextro; ille *Vitii*, 3. est hic *Virtutis*, 4.
Mind, Young Man, 5. imitate *Hercules*: leave the left hand way, turn from Vice; the *Entrance*, 6. is fair, but the *End*, 7. is ugly and steep down.	Adverte juvenis, 5. imitare *Herculem;* linque sinistram, aversare Vitium; *Aditus* speciosus, 6. sed *Exitus*, 7. turpis & præceps.
Go on the right hand, though it be thorny, 8. no way is unpassible to vertue; follow whither vertue leadeth	Dextera ingredere, utut spinosa, 8. nulla via invia virtuti; sequere quâ viâ ducit virtus

코메니우스의 유아학교

들은 어떤 상황에서든 그것이 진지한 것이건 유쾌한 것이건, 사실이 아닌 것을 말하거나 쉽게 거짓말을 해서는 안 된다.

마찬가지로 유아들은 남의 물건을 만지거나, 몰래 옮겨 놓거나, 빼거나, 숨기거나 또는 어떤 경우에는 남에게 부당하게 대하지 않기 위해 공정함을 훈련받아야만 한다.

친절 반드시 아이들의 몸에 친절이 배어 있어야 하며, 타인을 기쁘게 하는 사랑도 몸에 익혀야 한다. 그래서 유아들이 관대해지고 시기심에 사로잡히거나 인색해지지 않도록 해야 한다.

노동 일하는 것을 선호하고 태만을 혐오하는 것은 유아에게 특히 유익하다.

유아들은 말하는 법뿐만 아니라 기도 중에 또는 남들이 말할 때 등 조용히 하는 습관을 가져야 한다. 침묵하는 것도 배워야만 한다.

인내심을 갖는다. 자신들이 원하는 것은 모두 가질 수 있다고 기대하지 않게 한다. 아주 어려서부터 자신이 원하는 것을 억제하는 법을 조금씩 배워야만 한다. 그리고 유아기에 공손과 부지런함으로 어른들을 섬기는 행동을 배우게 한다.

이 모든 훈련 속에 공손함이 나타나게 된다. 그 공손함으로 유아들은 모든 사람에게 바른 품행을 보이고, 인사하고, 악수하고, 무릎을 꿇고, 작은 선물에 감사하는 법을 배우게 된다. 경박함과 무례함을 피하기 위해서는, 모든 일을 은혜스럽고 겸손하게 하는 등 진지한 행동을 배우게 해야 한다.

이러한 덕목을 우선적으로 습득한 아이는, 그리스도가 그랬듯이, 하나님과 사람들로부터 쉽게 사랑을 받게 될 것이다.

건전한 학습은 3중 분할을 인정하고 있다. 즉, 우리가 어떤 것을 알고(to know something), 어떤 것을 행하고(to do something), 어떤 것을 말하는(to say something) 것을 배우는 것이다. 다시 말해 우리는 나쁜 것을 제외한 모든 것을 알고 행하고 말하는 것을 배워야 한다.

알기 처음 6년 동안 유아는 자연물에 대해 알기 시작한다. 불, 물, 공기, 지구, 비, 눈, 얼음, 납, 철, 나무 등 보통 식물들, 바이올렛, 클로저, 장미를 알아야 한다. 더 나아가 동물 간의 차이, 무엇이 새이고, 무엇이 가축이며, 무엇이 말인지를 알고, 마지막으로 각 신체 부위, 신체 기관의 이름, 각각의 기능은 무엇인지 등을 알아야 한다.

보이는 것(optics)과 관련해서는 유아에게 어둠이 무엇이며, 빛이 무엇인지 알고, 다양한 색을 구별하는 것으로 충분하다. 천문학에 관해서는 해와 달과 별들을 구분하고, 지리는 태어난 곳과 사는 곳이 마을인지 도시인지를 알고 성당을 알면 된다. 들과 산과 숲과 목장과 강이 무엇인지도 배워야 한다.

연대학적으로 처음 배우는 것은 시간, 날, 주, 월, 연도의 개념과 봄·여름·가을·겨울이 무엇인지를 아는 것이다. 역사의 시작은 어제 일어난 것, 최근에 일어난 것, 그리고 작년에 일어난 것에 대해 기억하는 것이 될 것이다. 하지만 이런 내용을 기억하는 것은 초보적 수준이지만 유아들이 그러한 것을 기억하는 것은 마치 구름을 통해 보는 것처럼 모호하다. 가정사에 있어서는 누가 가족이고 아닌지를 쉽게 구분하게 될 것이다.

정치학적으로, 유아들은 주지사, 주장관, 주의원이 있다는 것과 나라에 국회가 있다는 것을 배우게 될 것이다.

행함　행동의 어떤 면은 수사학, 산수, 기하와 관련이 있고, 어떤 면은 음악과 관련이 있으며, 어떤 면은 생각이나 말과 관련이 있고, 어떤 것들은 노동, 몸동작 같이 머리와 손을 쓰는 것과 관련이 있다.

수사학은 유아로 하여금 무엇이 질문이고, 무엇이 대답인지 알게 하는 것, 마늘에 관한 질문이 나올 때 양파에 관한 말을 하지 않는 것, 묻는 말에 제대로 답변할 수 있는 능력을 몸에 익히는 정도로 가르치면 된다.

산수(arithmetics)의 기초는 어떤 것이 많은 것이고 어떤 것이 적은 것인지 알기, 20까지 세다가 더 크면 60까지 세기, 3이 2보다 많고 3 더하기 1은 4가 되는 것과 같은 간단한 것들을 이해하는 것으로 다지면 된다. 기하의 시작은 작은 것과 큰 것, 짧은 것과 긴 것, 넓은 것과 좁은 것, 얇은 것과 두꺼운 것의 차이를 아는 것, 즉 측정의 기초에 대해 아는 정도면 된다.

음악과 관련해서 유아는 시편이나 찬송가에서 몇 절씩 외워서 노래할 수 있게 된다.

생각이나 말과 관련지어서는 너무나 많은 것이 있다. 생각과 손을 쓰는 교육은 자르고, 쪼개고, 다듬고, 구멍 내고, 순서대로 놓고, 묶고, 풀고, 말고, 만 것을 다시 푸는 일로 시작하면 된다. 이들은 모든 아이들에게 익숙한 일이지만 노동과 작업의 시작이 된다.

말하기　언어 교육의 우선순위는 문법, 수사학, 그리고 시 짓기(詩作)이다. 첫 6년간의 **문법**은 유아가 사물에 대해 아는 만큼 충분히 표현할 수 있는 기회를 주는 것을 말한다. 비록 유아들이 하는 말이 불완전해도 요점을 말하도록 도와주고 분명하게 발음하게 해서 다른 사람이 이해할 수 있게 하면 된다. 유아들이 배워야 하는 수사학은 유아들이 생활 중에 보이는 행동을 활용해서 가르치면 된다. 예를 들어, 황소의 걸음 또는 모양을 반복하면서 이해하려고 하는 것을 이용하는 것이다. 시(詩)의 기초는 운문이나 운율을 기억하는 것으로 충분하다.

부모들은 이와 같은 몇 가지 사항에 대해서 적절한 방법을 적용해야만 한다. 유아기의 교육은 상급학교에서 하듯이 연령과 월령에 꼭 맞추어 정확히 나누어 해서는 안 된다. 단지 이 나이에 이 정도의 내용을 가르치면 되겠다는 식으로 대략적인 안내로 삼아야 한다. 유아교육은 고정된 방식으로 할 수 없다. 체계적으로 가르치는 초등학교 교사들처럼 부모들이 가정에서 가르칠 수 없기 때문이다. 유아기 아이들의 발달 수준에 개인차가 커서이다. 어떤 유아들은 첫해에 말을 시작하는가 하면 어떤 유아들은 두 돌, 어떤 유아들은 세 돌이 되어서야 겨우 말을 한다. 다음 장에서 나는 유아들이 처음 6년 동안 어떤 교육을 받아야만 하는지에 대해 일반적 원칙만을 제시할 것이다. 교육 내용은 다음과 같다.

- 사물에 대한 지식: 특히 일하기, 예술, 말하기
- 도덕과 덕
- 경건함
- 건강: 사람이 살아가는 데 건강이 필요하지만 모든 것을 배우

는 기초도 건강에 달려 있다. 부모가 유아를 얼마나 열심히 건강하고 강건하게 키웠는지에 따라 유아교육의 질적 수준이 결정될 것이다.[13]

제 5 장

건강과 강건함

어떻게 어린이들을 육체적으로
건강하고 강하게 훈련시킬 수 있는가?

어떤 이는 "건전한 육체 안에 건전한 영혼이 거하도록 기도해야 한다."고 충고하고 있다. 하나님은 부지런한 사람은 복을 주시고 게으른 사람은 복을 주시지 않으니 기도도 하지만 열심히 노력해야 한다. 또한 아기들은 아직 노력을 할 수 없고 어떻게 하나님에게 간구해야 하는지도 알지 못한다. 그러므로 부모들은 아이들을 하나님의 나라로 인도하기 위하여 열심히 훈련시키는 일을 해야 한다.

무엇보다도 부모들의 첫 번째 관심은 어린이들의 건강을 유지시키는 것이다. 어린이들을 성공적으로만 이끈다는 것은 불가능하다. 만일 어린이가 활발하고 원기왕성하지 못하다면 성공적으로 키울 수 없다. 또 아프고 병든 아이를 어떻게 유능하게 키울 수 있겠는가? 따라서 어머니들은 어린이들의 건강부터 살펴야 한다.

훌륭한 어머니는 하나님이 만유의 창조주이시며 그녀의 자궁에 아기를 잉태시키신 분임을 항상 기억해야만 한다. 어머니는 공식적인 예배에서뿐 아니라 스스로 경건하게 헌신해야 한다. 어머니는 매일 온전하고 건강한 아기를 출산할 수 있도록 하나님께 간구해야 한다. 이러한 목적으로 다음의 기도문을 소개한다.

전능하신 하나님, 보이는 것과 보이지 않는 것을 창조하신 주이시며 하늘과 땅에 있는 모든 어린이들의 진정한 아버지이시나이다. 주여, 주는 존귀하고 사랑받으시기에 합당하신 창조주이시며, 우리 인간에게 특별하고 신실하신 상담자이시며, 영혼을 고치시키시는 분이십니다. 뛰어난 지혜의 근원이신 하나님은 이 땅의 흙먼지로 자신의 이미지를 따라 우리의 육체를 창조하셨습니다.

지혜로우신 하나님 아버지! 천사처럼 우리를 창조하시어 성스러운 결혼생활을 하게 하시고 남자와 여자로 번성시키십니다. 하나님은 성도들을 축복하시며 성도들을 번성케 하시어 이 땅에 충만케 하시고 지구에 있는 사람들뿐만 아니라 천사의 성가대들도 마찬가지일 것입니다.

영원하신 아버지 하나님, 우리 안에서 모든 위대한 일을 하시며 하나님은 찬양을 받고 영광을 받으시기에 합당하십니다.

나는 또한 하나님 아버지의 자비하심에 감사하며 영광스러운 인류의 일원으로 태어났다는 것뿐만 아니라(내가 선택된 숫자 안에 포함이 되며) 나에게 주어진 결혼생활과 자녀의 축복을 받게 하신 것에 감사합니다.

그 선물은 당신의 것입니다. 부성은 당신의 것입니다. 오, 하나님, 모든 육체와 영혼의 아버지시여! 저를 상담하시고 도우시기를 겸손한 마음으로 갈망합니다. 저는 하나님께로 다가가 하나님께서 비밀스럽게 나에게 잉태시키신 아기가 강건하고 행복하게 태어나기를 원합니다.

오, 하나님, 인간의 삶은 우리 자신의 힘으로 이루어지는 것이 아닙니다. 또 자기 자신의 길을 스스로 갈 수 있는 사람은 아무도 없습니다. 우리는 너무도 약하고 강하지 않기 때문에 당신이 우리를 위해 풀어 놓은 악의 올무에서 도망치지 못합니다. 주여, 우리의 악한 마음과 우리 자신의 잘못으로 우리는 망할 수밖에 없습니다.

당신의 지혜는 무한하십니다. 우리가 가장 바라는 것은 당신이 천사들로 하여금 모든 악으로부터 구해 주시는 것입니다. 그러므로 저는 하나님께 저의 필요로 인하여 부르짖습니다. 오, 사랑하는 아버지, 기도합니다. 모든 위험한 사고로부터 나를 보호하시고 아버지의 사랑스러운 눈으로 지켜 보살펴 주옵소서. 저와 남편을 지켜 주시고 하나님의 자비로 즐거운 마음을 갖게 하시옵소서, 또한 아버지의 사랑으로 우리를 인도하시며 모든 진정과 신령으로 아버지를 섬기게 하소서. 저는 처벌로부터 면제받기를 원치 않습니다.

우리를 정결케 하옵시며 간구하건대 저로 하여금 아버지의 말씀에 의지하여 인내할 수 있도록 하옵소서. 행복한 주제를 주시옵소서.

주여, 우리의 기도를 들으신다면 우리에게 건전하고 온전한 아이를 주시옵소서. 신성하고 정결케 기를 것을 약속하오니 우리 아이들을 가장 큰 자비로 지켜 주시옵소서. 주 아버지시여, 우리의 후손이 아버지의 신실한 어린이로 태어나게 해 주소서.

사랑하는 아버지. 아버지의 겸손한 종이자 기도자이며 그리스도를 위한 마음으로 축복받은 여자의 모태에서 아기가 태어나게 하시며 신성한 정신으로 살고 통제하여 하나님께서 영원히 축복해 주시기를 기도드립니다. 아멘.

어머니들은 아기에게 특별한 관심을 가져야 하고 그들이 상처 받지 않게 노력해야 한다. 첫째, 모든 면에서 절제 있는 생활을 하게 하여 지나치게 먹고 마시지 않게 한다. 나무라기, 피나도록 때리기, 냉담하게 대하기 등에 의해 아이들이 우울해지거나 유사한 기분에 처하지 않게 한다. 어린 영혼이 상처입거나 쇠약해지므로 조심한다.

둘째, 무모하게 행동하지 않고 술취해 비틀거리지 않으며 무조건 반대하지 않으며 욕하지 않으며 경솔하게 행동하지 않는다. 부모의 이러한 행동 때문에 아직 연약한 아기가 해를 받을지도 모르기 때문이다.

셋째, 임신한 여성은 갑작스러운 두려움, 무절제한 화, 슬픔, 마음의 혼란과 같은 것을 피하는 것이 좋다. 그녀는 모든 감정적인 것을 다스려야 한다. 만약 그녀가 부정적인 정서를 다스리지 못한다면 아마 겁 많고, 성질이 나쁘고, 걱정 많거나 우울한 아이를 낳게 될 것이다. 심지어 더 나쁜 것은 갑작스러운 공포, 부적절한 감정 때문에 이 아이는 낙태가 되거나 적어도 건강이 좋지 않은 아기로 태어날 것이다.

넷째, 어머니들은 잠을 지나치게 많이 자거나, 게으름, 무기력에 빠져서는 안 되며 평상시에 민첩하게 행동해야만 하고 마음을 다해 준비성 있게 활동해야 아이들도 그렇게 자랄 것이다.

다른 측면에 대해서는 유능한 내과의사, 산파, 그리고 존경받을 만한 기혼여성들의 조언을 받아야 한다. 아기가 출생하면 즉시 깨끗하게 씻겨 주고 따뜻하게 옷을 입힌다. 그리고 부모들은 적절한 음식을 주어야 한다. 여기에 우리가 특히 관찰해야 할 것은 어머니는 스스로 아이를 간호해야 하며 아이를 보살피는 것을 귀찮게 생각해서는 안 된다는 것이다. 어머니가 이와 반대로 행동하는 것(특히 상류계층의 부인들)은 얼마나 슬프고 위험하고 비난받아야 마땅한 일인가! 이들은 자기 자식을 돌보는 일에 진저리를 치며 다른 여인들이 아기를 돌보게 한다.

엄마로부터 아기를 멀리 떼어 다른 여인의 젖을 빨게 하고 돌봄을 받게 하는 것(엄마가 아기를 돌볼 수 없는 피치 못할 사정이 있는 경우는 제외하고)은 잔인한 일이다. 이런 일은 ① 하나님과 자연의 도리에 어긋나며, ② 어린이에게 해가 되고, ③ 엄마들 자신에게도 나쁘고, ④ 존경받지 못할 행동이며, ⑤ 가장 큰 죄로 정죄받을 일이다.

이와 같은 행위는 야수에게서조차 볼 수 없는 일로 자연의 섭리에 크게 위배되는 일이다. 이리, 곰, 사자, 표범, 그리고 사나운 동물들도 그 새끼들을 자신의 젖으로 먹여 키운다. 인간을 키우는 어미들의 애정이 이보다 덜해도 되는 것일까?

어머니들은 자신의 분신인 아기들에게 젖을 먹이지 않으며 아기를 자신으로부터 밀어내도 되는 것일까? 모유는 임신한 여러 달 동안 아기를 위해 몸에 축적된 것이 아니던가? 하나님은 확실히 엄마를 위하여 젖을 준 것이 아니라 아기들을 위하여 젖을 주셨다. 아기들이 출생해서 빛을 볼 때까지 이 샘은 흐르지 않는다. 이 샘은 이 세상에 새로 오는 손님을 위해 예비된 것이기 때문이 아닐까? 아기들이 다른 여인의 젖이 아닌 자기를 낳아 준 엄마의 젖을 빨 수 있다면 부모의 성품과 덕을 더 많이 닮게 될 것이다.

철학자 파보리누스(Favorinus)는 동물의 우유를 아기에게 먹이면 동물처럼 몸과 마음이 형성될 것이라고 말한 바 있다. 그는 새끼 양과 염소 새끼의 예를 들어 논증하고 있다. 염소의 젖을 먹고 자란 양의 털은 양의 젖을 먹고 자란 양의 털보다 더 거칠다. 장님이 아닌 이상 어미의 젖을 먹고 자란 아기와 다른 어미의 젖을 먹고 자란 아기의 도덕성이 다르다는 사실을 왜 모르겠는가? 다른 여인의 젖을 먹고 자란 아이가 도덕성이나 삶의 여러 면이 자기 부모와 전혀 다르다고 의아해할 이유가 없다.

이와 같은 유형의 엄마들은 아기들에게 젖을 먹이면 균형 잡힌 몸매와 우아함을 잃을까 봐 두려워하고 있다. 그러나 어머니들이 종종 간과하고 있는 것은 아름다움뿐 아니라 건강까지도 잃는다는 것이다. 엄마들이 자기 아이에게 젖을 먹이지 않는 것은, 병을 미연에 방지해 주어 웃으며 살게 할 수 있는 의사들이 진료를 거부하는 것과 같다.

엄마가 아닌 유모가 젖을 먹일 경우 일어날 수 있는 나쁜 일을 세 명의 로마 황제의 예를 들며 알아보자.

- 람프리디우스(Lampredius)가 쓰기로는 티투스(Titus) 황제는 병이 든 유모가 키웠는데 일생 동안 병든 몸으로 살았다.
- 칼리굴라(Caligula)는 사나운 짐승과 같은 사람이었다. 그의 부모가 이러한 원인이 아니라 유모가 그에게 젖을 먹였다. 게다가 부도덕하고 불경스러운 유모는 그녀의 가슴에 피를 뿌리고 아기에게 젖을 먹였다.

칼리굴라는 인간이 피흘리는 모습을 즐겼을 뿐 아니라 혐오감
도 없이 칼에 묻은 피를 혀로 핥을 정도로 아주 사나운 사람이
되었다. 그는 심지어 모든 인류의 목을 한 칼에 베기를 원했다.
• 티베리우스 시저(Tiberius Caesar)는 와인을 무척 좋아했다. 그의
유모는 술을 많이 마셨으며 항상 취해 있을 뿐만 아니라 어렸을
때부터 그에게 술을 먹였다. 그는 술 취하는 일에 익숙했다.

그러므로 유모가 어떤 종류의 사람인지에 따라 육체뿐 아니라
마음과 도덕까지도 달라지는 것은 명백하다. 만약 유모가 가시적
이거나 비밀스러운 병에 감염되었다면 아기도 감염될 것이다. "만
약 그녀가 정숙하지 못하고, 진실되지 못하다면, 또는 타르의 손[14]
을 가졌다면, 또는 술주정뱅이거나 비관적이라면 당신은 어린이로
부터 다른 도덕적인 것을 기대할 수 없다. 젖 먹는 동안 모든 악의
씨가 자란다."

어린이들이 다른 음식을 먹는 것에 서서히 익숙해질 때 모유처
럼 부드럽고 달고 소화되기 쉬운 자연식품과 같은 것을 조심스럽
게 주어야만 한다.

어린이들이 약에 익숙해지는 것은 굉장한 위험을 초래한다. 이
것은 위에서 자연스럽게 소화하는 것을 방해하고 결과적으로 성장
을 저해한다. 음식과 약은 당연히 상극이다. 음식은 육체에 피와
생명의 액체를 공급하여 생기를 불어넣는다. 반면에 약은 생명을
말려 버린다. 게다가 필요 없을 때 약을 먹으면 습관이 되고 필요한
때 효능이 떨어진다. 더 나쁜 것은 어린이들이 유아기부터 약을 남

용하면 커서 완전한 힘과 건전한 건강을 갖지 못한다. 그들은 연약하고, 아프고, 단단치 않으며, 창백하고, 우둔하며, 암에 쉽게 걸리게 된다. 드디어 그들은 자라기도 전에 죽는 운명에 처한다.

그러므로 사랑하는 부모들이여, 만약 당신이 현명하다면 당신은 그들에게 일부러 독을 주겠는가? 그러니 필요할 때 이외에는 약을 피하라.

음식 맛을 내는 후추나 소금처럼 그 성질이 강하거나 매운 음식은 피하도록 하라. 그와 같은 음식 또는 음료를 어린이에게 먹이는 사람은 어리석은 정원사와 같다. 식물을 빨리 자라게 하려고 뿌리를 석회로 덮는 사람이 있다고 하자. 의심의 여지없이 식물의 성장이 빠르고 봉오리도 빨리 맺을 것이다. 그러나 식물들은 곧 마르고 시들며 뿌리부터 썩어 버린다.

당신은 이것을 의심하는가? 몸에 좋지 않은 음식이 어린이들에게 미치는 영향을 실험해 보라. 하나님은 어린이들과 다른 연약한 새끼들을 위하여 어미에게 젖과 같은 부드러운 음식을 주셨고 그들은 이것으로 키워야 한다.

그러나 곧 아기들이 젖을 뗄 때에는 빵, 버터, 수프, 허브차 등 약간 부드러운 음식을 먹인다. 어린이들이 규칙적으로 자고 때때로 재미있는 오락과 충분한 신체운동을 하게 하고 그들의 건강과 안전을 지켜 주실 것을 하나님께 신실하게 기도하라. 아이들은 흐르는 시냇가의 식물처럼 잘 자라게 될 것이다.

한때 이 세상에서 가장 현명한 지혜를 가졌던 스파르타 사람들은 젊은이 교육에 특별한 관심을 보였다. 공적인 법규가 엄격하게 적용되어서 20세 이전의 젊은이들은 포도주조차 맛보는 것을 허락하지 않았다. 젊은이들로 하여금 포도주를 못 마시거나 조심하게 했던 그들이 다시 살아난다면 최근 미친 사람처럼 술을 마셔 인류가 파멸되고 있는 것에 관해, 포도주를 밀어내고 도수가 높은 브랜디가 들어앉은 사실에 대해 무슨 말을 할 수 있겠는가? 젊은이와 노인 모두 지금 똑같이 술을 많이 마셔서 파괴되고 있다. 지금은 우리가 우리의 아이들, 특히 유아들이 타락하거나 멸망하지 않도록 조심하게 해야 할 때이다.

어린이들의 작은 뼈가 연약하고 부드럽고 그들의 핏줄이 약하기 때문에 우리들은 어린이들의 건강을 주의 깊게 관찰해야 한다. 어린이 그 누구도 아직 성숙하지 않았다. 아기를 안거나 치켜올리거나 데리고 다니거나 앉히거나 옷을 입히거나 요람에 눕힐 때 신중하고 조심해야 한다. 부주의하면 아이가 다쳐 장애인이 될 수도 있다.

유아는 금보다 더 귀중하나 유리보다 더 부서지기 쉽다.

어린이들이 앉거나 서거나 뛸 때 물건에 부딪쳐 다치지 않도록 보호해 주어야 한다. 유아용 작은 의자, 작은 바구니, 줄(끈의 한쪽을 엄마, 다른 쪽을 아이의 손목에 묶어 사람이 많은 곳에서 아이를 잃어버리지 않게 하는 장치) 등 아주 작은 일부터 세심하게 살핀다. 어떤 나라에서는 어린이들의 머리에 두툼하게 솜을 두어 누빈 모자를 쓰게 해서 머리를 다치지 않게 보호한다. 이와 같은 경계와 조심은 다른 어린이들에게도 적용해야만 한다.

겨울에는 어린이들에게 적당한 옷을 입혀 추위로부터 따뜻하게 보호해야 한다.

간추려 말하건대, 아이가 떨어져서 다치지 않고 지나친 열이나 추위, 과식 또는 배고픔과 목마름으로 해를 입지 않도록 항상 주의한다. 그러나 이 모든 것들은 적절한 시기에 적절한 방법으로 해야 한다.

또한 어린이들이 일정한 일과 계획에 습관을 붙이는 것이 좋다. 어린이들이 언제 자고 일어나고 먹고 놀면서 스스로 새롭게 재충전해야 하는지를 알아야 한다. 유아기에 생활 습관을 잘 익히면 유아의 건강에 좋을 뿐 아니라 규칙적인 생활 습관도 갖게 된다.

우리의 삶은 불과 같다. 계속 공기를 공급하지 않거나 불을 살리지 않으면 꺼진다. 유아의 놀이와 운동은 아기들이 스스로 움직이기 전에 요람을 흔들어 주거나 안고 이곳저곳을 왔다 갔다 하며 작은 유모차에 앉혀 움직임을 주는 어른에 의해 시작된다.

그러나 아기가 조금 성장해서 스스로 걷기 시작할 때 아기들이 뛰고 놀 수 있는 기회를 주어야 한다. 어린이들이 활동적으로 뛰고 놀면 놀수록 더 잘 자고 소화도 잘 시키며 신체와 마음이 더 빨리 성장하고 실해진다. 어느 어른이 계속 이와 같이 해 주면 어린이들은 해를 받지 않는다. 그러므로 부모들은 어린이들이 적절한 보호 아래 안전하게 움직이며 뛰어놀 수 있는 장소를 찾아야 한다.

마지막으로, 속담이 말하듯 "즐거운 마음만 가져도 반은 건강한 셈이다." 정말로 그렇다. 시락(Sirach)이 말했듯이 "마음의 즐거움은 인간의 생명 그 자체이다. 그러므로 부모들은 특히 그들의 어린이들이 재미없이 지내게 해서는 안 된다.[15] 예를 들어, 출생 후 첫 해에는 요람을 흔들며 팔로 안고 부드럽게 움직여 주면서 노래를 불러주거나 딸랑이 소리를 들려주고, 바깥마당이나 정원으로 데리고 나가야 한다. 또 키스나 포옹으로 아이들의 정신을 일깨워야 한다. 이러한 모든 것들은 조심스럽게 해야 한다.

두 돌 이후에는 또래들과 행복하게 뛰어놀고 음악을 듣거나 그림과 같은 즐거운 모양을 보게 하여 아이의 영혼을 자극해야 한다.

간단히 말하자면, 아이에게 즐거움을 줄 것으로 판단되는 어느 활동이든지 어린이가 원한다면 거절하지 말고 하게 하라. 아이가 찾지 못하면 어른은 어린이의 눈, 귀, 다른 감각들을 활용할 수 있게 하는 작업(활동)을 준비해 주어야만 한다. 이러한 것들은 몸과 마음에 활력을 줄 것이다. 경건과 도덕에 어긋나는 것은 거절하라 (적절한 장소에서 적절하게 행동하도록 하라).

제 **6** 장

시각과 청각에 의한 학습

선한 판단으로 어떻게 어린이들을
훈련시킬 것인가

"나도 내 아버지께 아들이었으며 내 어머니 보기에 유약한 외아들이었었노라." 가장 지혜로운 왕, 솔로몬이 한 말이다. 그는 "아버지가 내게 가르쳐 이르기를, 지혜를 완전하게 소유하여 끌어안아 자기의 것으로 만들어야 한다고 하셨다."[16]

그러므로 현명한 부모는 자기 자녀들에게 삶의 수단과 살아갈 재원을 제공할 뿐만 아니라, 그들의 마음에 지혜를 쌓도록 온 힘을 다하여 애써야만 한다. 왜냐하면 지혜는 "진주보다 귀하니 너의 사모하는 모든 것으로 이에 비교할 수 없도다. 그의 오른손에는 장수가 있고 그 왼손에는 부귀가 있나니 그 길은 즐거운 길이요, 그 첩경은 다 평강이니라. 지혜는 그 얻은 자에게 생명나무라 지혜를 가진 자는 복되도다."[17]

당신 부모들은 이 지혜의 연습을 당신 자녀들과 함께 시작할 때가 언제인지 생각해 보았는가? 솔로몬은 그의 아버지가 그를 태어나는 즉시 가르쳤고, 또한 어머니의 지극히 사랑하는 아들이었어도 그녀는 그를 이 훈련에서 제외시키지 않았다고 말한다. 이처럼 우리 자녀도 자연 현상들과 다른 것들에 대한 지식으로 가르침을 받아야 할 것이다. 그러면 어떻게? 어린 나이라 할지라도 유아들은 받아들인다. 그리고 깨달을 수 있다. 다음의 예들은 어떻게 할 것인가를 보여 준다.

새롭게 태어난 아기들의 자연적 지식은 먹고, 마시고, 자고, 소화시키고, 그리고 성장하는 것이다. 그러나 그들은 이런 일들을 생각하거나 이해하지 못한다. 만 두 살 또는 세 살이 될 때야 그들은 처음으로 아빠가 무슨 일을 하고, 엄마가 무슨 일을 하는지, 음식과 마시는 것이 무엇인지, 우리가 물이라고 부르는 것이 무엇인지, 불이 무엇인지, 바람이 무엇인지, 추운 것이 무엇인지, 뜨거운 것이 무엇인지, 소가 무엇인지, 작은 개가 무엇인지, 그리고 다른 자연적인 사물의 다양함이 일반적으로 어떻게 다른지 깨닫기 시작한다. 이러한 지식은 그들의 유모들이 그들을 팔로 껴안고 다니면서 "봐라! 말이 있고, 새가 있고, 고양이가 있다."라고 말해 줄 때 서서히 배운다.

후에 그들은 돌이 무엇이고, 모래가 무엇이고, 진흙이 무엇이고, 나무, 가지, 잎, 꽃이 무엇이고, 보통 열매들이 무엇인지 등을 말할 수 있을 정도로 더 많이 알게 된다. 또한 그들은 신체 외면의 기관에 대해 정확하게 이름을 댈 수 있고 어느 정도 그것들의 용도를 알게 될 것이다. 그들의 학습을 돕기 위해, 부모나 보호자들은 아이에게 종종 이것저것을 보여 주면서 이름이 무엇인지 질문하도록 한

코메니우스의 유아학교

다. 그들에게 그것을 어떻게 부르는가 질문하는데, 예를 들자면,

"이것은 무엇이지?" "귀."

"그것으로 너는 무엇을 하지?" "나는 듣는다."

"그리고 이것은 무엇이지?" "눈."

"그것은 무엇에 쓰는 거지?" "그것으로 나는 볼 수 있어……."

시각 교육의 출발은 어린이가 빛을 쳐다보는 것인데, 이건 자연스러운 일이다. 왜냐하면 눈으로 볼 수 있는 물건이 있을 때 아이들의 눈은 그쪽으로 돌아간다. 그러나 아기의 시력이 약해지거나 실명하지 않도록 처음에는 밝은 빛을 똑바로 보지 않게 특히 유의한다. 그들에게 부드러운 빛, 특히 초록색을 볼 수 있게 하고, 점차적으로 빛나는 것들을 보게 한다.

만 두 살 내지 세 살 때의 시각적 훈련은 색이 있고 물체를 그린 그림을 제시하며 할 것이다. 하늘, 나무, 꽃, 흐르는 물의 아름다움을 보여 주고, 산호 세공품들을 그들의 손과 목에 묶어 주고, 그들에게 아름다운 옷을 주어서 그들이 그것들을 보고 기뻐하도록 해야 한다.

사실, 눈의 시력과 마음의 통찰력은 거울을 바라볼 때에도 자극을 받는다. 아이가 계속 성장하면서 많은 일들이 시각적 경험에 더해진다. 어린이들이 과수원, 들판 또는 강가를 다니면서 동물, 나무, 식물, 꽃, 흐르는 물, 돌아가는 물레방아 등 많은 것들을 자주 보게 해야 한다. 그림이 있는 책이나 벽에 붙어 있는 그림들도 그들

을 기쁘게 하므로 아이들이 그림을 많이 볼 수 있는 기회를 주어야 한다. 어른들이 힘들지만 아이들이 그림을 많이 볼 수 있도록 준비를 많이 한다.

어린이들은 적어도 만 두 살 또는 세 살에 하늘을 바라보면서 해, 달 그리고 별들이 다르다는 것을 앎으로써 천문학을 시작할 수 있다. 후에 그들은 해와 달이 뜨고 지는 것을 이해할 수 있으며, 달이 어떤 때에는 보름달이었다가, 어떤 때에는 반달, 어떤 때에는 초승달로 바뀐다는 것을 이해할 수 있게 될 것이다. 이와 같은 경험을 자주 해야만 한다. 여섯 살이 되면 아이들은 겨울에는 낮이 짧고 밤이 아주 길지만, 여름에는 낮이 길고 밤이 짧다는 것을 이해할 수 있다.

지리학의 출발은 아기들이 출생한 후 자기의 요람과 그들 부모의 품을 구별하는 것을 배울 때에 바로 시작한다. 세 살이 되면 아이들은 자신이 양육받는 방을 알게 된다. 이처럼 그들은 언제 어디서 그들이 먹고, 쉬고, 여행 가고, 어느 곳에 빛이 있고, 어느 곳이 따뜻한지를 배워야 한다. 또한 세 살이 되는 아이들은 자기 방뿐만 아니라 복도, 부엌, 침실, 마당, 마구간, 과수원, 집안과 주위의 것들을 구별할 수 있고 이름들을 알게 되는데 이것이 지리학의 시작이다.

네 살이 되면 아이들은 할머니, 아주머니, 사촌들의 집을 방문하러 갈 때 지나가는 길 또는 시장을 배우게 될 것이다. 후에 그들은 그러한 일들을 기억에 고정시킬 것이며 아마도 도시, 촌락, 들판, 정원, 숲, 강이 무엇인지를 이해하는 것을 배울 것이다.

코메니우스의 유아학교

어린이들은 또한 시간의 차이를 배워야 하는데, 한동안은 낮이고 한동안은 밤이며, 아침이 무엇인지, 저녁이 무엇인지, 정오와 자정이 무엇인지 그 차이를 배워야만 한다. 하루에 얼만큼 그들은 먹고, 자고, 기도해야 하는지도 배운다. 그 후에 그들은 한 주가 7일간이고, 어떤 요일 다음에 어떤 요일이 오고, 6일간은 보통의 날들이지만 7일째는 주님의 날이며 그날에 사람들은 바깥일을 중단하고, 교회에 가고, 그리고 하나님께 예배드린다는 것을 알게 된다.

그들은 또한 경건한 축제 일들이 1년에 세 번 있다는 것을 배운다. 겨울에는 예수님 탄생, 봄에는 부활절, 여름에 오순절, 가을에는 옥수수 빵을 만들 옥수수를 추수하는 등의 일들을 배운다. 이런 모든 일을 어린이들은 당연히 이해하고 기억하지만, 그러한 일들에 관해 아이들이 관심을 가질 때에 어른들이 말해 준다면 학습하는 데 도움이 될 것이다.

아이들이 말을 시작하자마자 어린이들은 역사와 기념이 되는 일들을 연습할 필요가 있다. 먼저 이런 것은 "누가 이것을 너에게 주었지? 어제 너는 어디 갔었지? 수요일이 언제지?"라는 간단한 질문에 답할 수 있다. 아이는 "할아버지 집에, 아주머니 집에……."라고 대답할 것이다.

보거나 듣는 다른 일들을 이해하는 것이 특히 의미 있을 때에는 아이들은 자연스럽게 이것들을 기억에 고정시킨다. 그러나 주의해야 할 일은 젊었을 때의 기억은 그 자체로 강렬하게 축적되기 시작하므로 선하고 덕을 얻는 데 유익하고 하나님을 경외하는 마음만을 기억하게 할 것이다. 이에 정반대되는 일들은 아이들의 눈과 귀로 절대 들어가지 못하게 해야 한다.

가정 일을 정당하게 수행하기 위한 경제학의 시작은 돌부터 시작하여 쭉 이어지게 된다. 어린이들은 그래서 아빠, 엄마, 할머니 등 다른 사람들의 존재를 배우기 시작한다. 그리고 세 살이 될 때쯤 아이들은 아버지와 어머니의 말씀을 들어야 한다는 것을 배운다.

그다음 2년 동안, 즉 다섯 살이 될 때 그들에게 자기의 것들을 소중히 여기는 법을 배우게 하고, 주일에 어떤 옷을 입어야 하고, 평일에는 어떤 옷을 입어야 할지 알게 한다. 또 그들의 옷을 더럽히거나 찢거나, 그것으로 마루를 닦지 않는 것을 배운다.

이 나이에 아이들은 쉽게 서랍, 다리미, 지하실 창고, 찬장, 빗장, 막대기, 자물쇠, 열쇠 등의 용도를 알게 되고, 이 모든 것들을 어른들이 만지지 못하게 하는 이유를 알게 된다. 가구들을 보거나 그곳 사람들과 말함으로써 그 댁에 대해 알게 된다.

만약 아이들이 나무나 납으로 만든 말, 소, 양, 작은 의자, 책상, 큰 잔, 단지나 냄비, 작은 운반기구, 곡괭이, 그리고 비슷한 것들을 가지고 놀 수 있으면 학습하는 데 큰 도움이 될 것이다. 이 방법은 어린이들이 스스로 사물에 대해 즐겁게 많이 배우게 한다. 놀잇감을 직접 가지고 노는 동안 아이들은 자기 방식에 따라 배우기 때문이다.[18]

어린이들은 처음 몇 년 동안 정치에 대해 거의 알고 싶어 하지 않는다. 그들이 주지사, 통치자, 판사 그리고 그와 같은 사람들에 관해 들었을 때에도 그들이 무슨 일을 하는지 일하는 곳을 방문하지 않았기 때문에, 아니 방문했다 할지라도 이해할 수 없어서 그 의미를 명확히 알지 못한다. 따라서 어린 나이에 이러한 지식을 그들에게 집어넣을 필요는 없다. 그들은 정치적 교제가 있다는 정도의 초보 수준의 정보에 익숙해지기만 하면 충분하다. 그들은 그들이 복종해야 할 사람, 존경해야 할 사람, 경외해야 할 분을 평상시의 가정 생활에서 자연적으로 조금씩 학습하게 된다.

이와 관련하여, 그들은 농담으로 말해진 것과 신중하게 말해진 것을 이해하고, 언제 농담을 농담으로 되받고, 대화가 신중할 때는 신중하게 행동하는 것을 배워야 한다. 그들은 이러한 것들을 어른이 말하고 명령할 때 쓰는 표정이나 몸짓을 보며 쉽게 배운다. 그리고 어른들이 자신의 성질을 다스리는지를 보고 아무 때나 농담하는 것이 아님을 보면서 배운다. 특히 기도, 훈계, 권고를 할 때 농담하면 안 된다는 것을 배운다.

어린이들이 농담할 때 얼굴을 찌푸리거나 화를 내거나 때리거나 하는 일이 있어서는 안 된다. 왜냐하면 그때에 어린이들의 마음은 그것 또는 다른 일을 어떻게 다루어야 하는지 몰라 당황하게 되기 때문이다. 아이가 현명하게 되기를 원하는 사람은 자신이 현명하게 행동해야 하며 아이에게 어리석거나 바보스러운 면을 보이지 않도록 해서 아이가 어떻게 해야 하는가를 이해할 기회를 주어야 한다.

어린이들이 우화, 들짐승 이야기 등 이와 비슷한 이야기들을 들으며 타고난 이해력을 예민하게 하는 것은 좋은 방법이다. 어린이들은 이러한 짧은 이야기를 듣고 싶어 할 뿐 아니라 그것들을 쉽게 기억한다. 게다가 도덕적인 내용이 대개 포함되어 있기 때문에, 이 짧은 이야기들은 두 가지 측면에서 유용하다. 그것들은 마음을 채워 주고 마음을 훈련시키며 무엇인가 나중에 유익하게 사용될 것을 천천히 가르쳐 준다.

사물에 관한 지식은 아이들에게 합리적으로 충분히 가르칠 수 있다. 어른들이 이 모든 일들을 어린이들에게 잘 가르칠 수 있지만 아이들은 또래 어린이들과 지낼 때 더 많은 것을 배울 수 있다. 같은 또래의 아이들은 행동이나 생각이 비슷하게 발달하기 때문에 한 아이가 발견한 것을 다른 아이에게 쉽게 가르쳐 주는 등 서로 효과적으로 가르칠 수 있다.

유아들은 한 아이가 다른 아이를 지배하거나, 강요하거나, 위협하고 공포를 주는 일이 없다. 대신 사랑, 솔직함, 닥친 어떤 것에 대한 자유로운 대화가 있다. 우리 나이 많은 어른들은 어린이들을 다룰 때 이 모든 것들을 놓친다. 이 결점은 우리 어른들이 아이들과 자유롭게 대화하는 데 큰 장애물이 된다.

한 어린이는 어른 한 사람이 할 수 있는 것보다도 다른 아이의 천재성을 더 예리하게 할 수 있기 때문에, 어린이들은 매일 만나 놀고 뛰어야 한다. 우리는 이렇게 하라고 허락할 뿐 아니라 해를 끼치게 될 나쁜 친구들과 어울리지 않도록 유의해야만 한다.

코메니우스의 유아학교

제 7 장

행함에 의한 학습

어떻게 하면 어린이들이 능동적인 삶을 살며
평생의 일에 익숙해질 수 있을 것인가

젊은 피가 아이들을 쉬게 놔두지 않기 때문에 그들은 무엇인가 하는 것을 좋아한다. 이제 유아들의 활동성을 금지할 것이 아니라 항상 무엇인가를 할 수 있게 해 주어야 한다. 개미처럼 유아들이 어떤 일을 하고, 오르고, 만들고, 나르는 등 항상 무엇인가를 하게 하라. 그리고 그들이 하는 일이 무엇이든지 항상 신중히 하게 하라.

어른들은 그들에게 모든 사물의 모형을 놀잇감으로 주고(왜냐하면 그들이 실제 그런 사물들을 직접 다룰 수 없기 때문에) 그들과 함께 놀아 주면서 도움을 주어야 한다. 어느 젊은 청년이 아테네의 최고 통치자인 테미스토클레스(Themistocles)가 자기 아들과 함께 긴 갈대를 말처럼 타는 것을 보았다. 그를 바라본 이 청년은 어떻게 훌륭하신 분이 그렇게 아이처럼 행동할 수 있는지 의아해하였다. 그랬더니 테미스토클레스는 그에게 자신이 아들을 갖기 전까지는 어느 누구에게도 그런 식으로 말하지 말라고 충고하였다…….

유아들은 다른 사람들이 하는 것을 본 대로 모방하려고 한다. 그러므로 칼, 도끼, 유리잔과 같이 그들에게 상처를 입히는 것들 외에는 모든 것들을 갖게 해 주어라. 그들에게 생활의 도구들을 주기가 쉽지 않다면 납이나 나무로 만든 칼, 나무 검, 쟁기, 작은 운반기구, 썰매, 방앗간, 건물과 같은 놀잇감으로 놀게 하라. 이것들로 그들은 항상 즐거움을 느끼고 그들의 신체를 건강하게 훈련하고, 그들의 마음에 활력이 넘치게 될 뿐만 아니라 신체 부분들도 민첩하게 된다. 그들은 작은 집을 짓는 것을 좋아하고 진흙, 나무토막, 나무, 돌로 된 벽을 세우기를 좋아해서, 노는 동안 건축학적 천재성을 보여 준다. 한마디로, 어린이가 갖고 놀고 싶어 하는 것이 무엇이든지 간에 그것이 해롭지 않다면 금하기보다는 제공해 줘서 만족하게 해 주어야 한다. 무엇이든지 갖고 놀 수 있는 것은 아이에게 도움이 되지만 아무런 활동을 하지 않는 것은 아이의 마음과 신체에 더 큰 상처가 된다.

출생 첫해의 아기는 음식을 먹기 위해 입을 벌리고, 고개를 쳐들고, 손에 무엇인가를 쥐고, 앉고, 일어서는 등등의 활동을 하는 것으로 충분히 배운다. 이러한 모든 일들은 후천적이라기보다는 생득적인 능력에 더 많이 달려 있다. 다음 2년간 아이들은 달리고, 점프하고, 다양한 방법으로 노력하고, 놀고, 불을 붙이고, 끄고, 물을 붓고, 이곳에서 저곳으로 물건을 옮기고, 내려놓고, 들어 올리고, 엎드리고, 일어나는 등등의 활동을 함으로써 운동 능력이 확장될 것이다. 그러한 모든 일들을 많이 하게 해야 하는데 기회가 주어질 때마다 그들에게 어떻게 움직이는지 보여 주어야 한다.

코메니우스의 유아학교

Diligence.   CXI.   Sedulitas.

Diligence, 1. loveth labours, avoideth *Sloth*, is always at work, like the *Pismire*, 2. and carrieth together, as she doth, for herself, *Store* of all things, 3.

    She doth not always sleep, or make holidays, as the *Sluggard*, 4. and the *Grashopper*, 5. do, whom *Want*, 6. at the last overtaketh.

    She pursueth what things she hath undertaken chearfully, even to the end; she putteth nothing off till the morrow, nor doth she sing the *Crow's* song, 7. which saith over and over,

Sedulitas,1. amat labores, fugit *Ignaviam,* semper est in *opere,* ut *Formica,* 2. & comportat, ut illa, sibi, omnium rerum *Copiam,* 3.

    Non semper dormit, ferias agit, aut ut *Ignavus,* 4. & *Cicada,* 5. quos *Inopia,* 6. tandem premit.

    Urget incepta alacriter ad finem usque; procrastinat nihil, nec cantat cantilenam *Corvi,* 7. qui ingeminat

다음의 몇 년 동안에는 일을 충분히 하고 건설적인 노력을 해야 한다. 너무 많이 얌전히 앉아 있거나 천천히 걷는 것은 좋은 신호가 아니다. 왜냐하면 어린이가 항상 뛰거나 무엇인가를 하는 것은 건전한 신체와 활동적인 지성을 가졌다는 신호이기 때문이다. 그들의 주의를 끄는 것이 무엇이든지 거절해서는 안 되며, 장래에 실제로 이 아이들이 일할 것을 생각해서 제대로 지원하고 보여 주어야 한다.

만 네 살, 다섯 살 유아들이 관심을 보이거나 신나하면 그리기와 쓰기를 연습하게 한다. 그들에게 분필을 주어서(가난한 사람들은 숯덩이를 사용해도 좋다) 점, 선, 갈고리 모양, 둥근 원 등을 재미있게 그려 보게 하라. 이런 방법으로 그들은 이후 손으로 분필을 익숙하게 사용한다. 그들은 글자를 만들고, 점이 무엇인가, 선이 무엇인가를 이해하게 될 것이다. 이 모든 것은 후에 교사들의 일을 크게 줄여 줄 것이다.

이 단계에서 논리학(논법)과 같이 연습해야 획득되는 내용을 소개하면 안 된다. 유아를 가르치는 이들이 이성적이면 이 시기에 지식을 가르치지 않을 것이지만 비이성적인 어른은 강요하며 가르칠 것이기 때문이다. 그들의 방식대로 주입식 교육을 할 것이기 때문이다.

수학의 요소들은 어린이들이 세 살 때 5 이상까지 셀 수 있거나, 적어도 숫자를 정확하게 발음하기 시작할 때 바로 제시할 수 있다. 그들이 처음에는 이 숫자들이 실제적으로 무슨 뜻인지 이해하지 못하지만, 곧 그 숫자의 용도를 알게 될 것이다. 다음 3년 동안, 즉

6세 정도에 아이들은 20까지 계속 셀 수 있고, 7은 5보다 많고, 15는 13보다 많다는 것을 안다. 또한 그들은 홀짝이라는 게임을 하면서 어느 것이 홀수이고 어느 것이 짝수인가를 구별하게 되는데 이때는 이것으로 충분하다. 수학에서 이보다 더 높은 정도의 것을 가르치는 것은 부적당하다. 아니 해를 끼친다. 왜냐하면 유아기에 수 개념을 마음에 확실히 기억시키는 것은 너무나 어려운 일이기 때문이다(수 개념은 어려우므로 서서히 신중히 가르쳐야 한다는 의미). 만 두 살 유아가 이해할 수 있는 기하학의 원리는 어떤 것은 크고 어떤 것은 작다는 정도이다. 그들은 후에 무엇이 짧고 길며, 넓고 좁은지 쉽게 알게 될 것이다. 만 네 살에 그들은 형태의 차이, 예를 들면 무엇이 원이고, 무엇이 선이며, 무엇이 사각형인지 차이를 배우게 된다. 결국 그들은 손으로는 한 뼘, 발로는 한 발, 두 팔로는 약 1m 등을 잴 수 있게 되고, 한 파인트(0.57리터), 한 쿼트(1/4갤런), 한 갤런(4.546리터)과 같은 측정관련 용어들을 배우게 된다. 그리고 이와 같이 자연스럽게 배운 지식을 기초로 아이들은 정확하게 측정하고, 무게를 달려고 할 것이다. 이처럼 다른 사물들을 이모저모 비교하면서 유아들의 지식은 증가한다.

음악은 특별히 우리에게 자연스러운 것이다. 아기는 빛을 보자마자 "아, 아! 에, 에!"와 같은 소리를 내며 천국의 노래를 부르게 된다. 나는 아기가 내는 불평과 울음이 첫 번째 음악이라고 생각한다. 아기들보고 불평하며 울지 말라고 하는 것은 불가능하다. 어느 어른이 아기를 울지 못하게 했다면 그것은 부적절한 일이다. 우는 것은 아기의 건강에 도움이 된다. 다른 운동과 자극이 부족해도,

이런 수단들로 인해서 아기의 가슴과 내적 신체 부분들이 편안해진다.

음악교육은 만 두 살 때 시작하는데, 노래하고 덜컥덜컥 소리내고 악기를 두드리는 것과 같은 활동으로 어린이들을 기쁘게 하는 정도이면 된다. 유아들은 음악에 심취하여 그들의 귀와 마음을 화음과 하모니로 편안하게 할 필요가 있다.

만 세 살 때 우리는 매일 부르는 거룩한 음악, 말하자면 식사 전후에 부르거나 기도 시에 부르는 노래를 소개해야 한다. 그러한 경우에 아이들이 함께 참여하여 귀 기울이고 침착하게 행동할 수 있어야 한다. 또 그들을 대집회 예배에 데리고 가 그곳에서 모든 회중이 하나님을 찬양하며 하나가 되는 것을 경험하게 하는 것이 현명하다.

만 네 살이 되면 어떤 어린이들은 혼자 노래를 부를 수 있다. 그러나 늦된 아이라도 강요하지 말고, 휘파람을 불거나 북을 치거나 바이올린을 켜도록 할 것이다. 휘파람 불기, 북치기, 바이올린 켜기를 통해 그들의 귀가 다양한 소리에 익숙해지고 그것들을 모방할 것이다.

만 다섯 살이 될 때 입을 열어 찬송가로 하나님을 찬양하고 그들의 목소리로 창조주에게 영광을 돌리도록 할 것이다(이러한 목적 때문에 어떤 쉬운 기도서 성가를 아침저녁에, 식사 전후에, 기도 전후에 들려줘야 한다. 우리에 의해 사용된 이러한 가사들은 어느 나라든 자기네 나라말로 모방할 수 있을 것이다).

어린이들과 함께 노래하고 노는 이러한 방법들을 통해서 부모와 유모들은 지식을 유아의 마음에 쉽게 심게 된다. 그들의 기억력은 이제 전보다 더욱 확대되고 기민해져서 보다 쉽고 즐겁게 리듬과 멜로디로 인해 더 많은 것들을 흡수할 것이다. 그들이 노랫말을 많이 기억하면 기억할수록, 그들은 스스로 더욱 기뻐할 것이다. 하나님의 영광이 유아들의 입을 통해 크게 퍼질 것이다. 다윗 음악과 같은 소리들이 울려 퍼지는 가정에 복이 있다.

제 **8** 장

언어에 의한 학습

어떻게 어린이들이 언어를 능숙하게 사용하도록
도울 수 있을까?

사람이 동물과 다른 가장 큰 두 가지 특징은 이성과 언어이다. 이성은 자신을 위해 필요하고, 언어는 자기 이웃을 위해 필요하다. 성장한 사람이 가능한 한 높은 수준으로 올라가도록 정신과 혀를 똑같이 훈련하는 데 전심전력해야 한다. 이제 문법, 수사학 그리고 시의 영역에서 언어 훈련에 관한 것을 첨가하고자 한다.

언어를 빨리 배우는 유아는 문법을 돌 반이 되었을 때 시작하지만 어떤 유아는 한 살 끝 무렵에야 '아, 에, 이'와 같은 글자들 또는 '바, 마, 타'와 같은 음절의 형태를 형성하기 시작한다. 다음 해에는 더 많은 음절을 배워서 아는 단어 모두를 발음해 보려고 시도한다. 그래서 타타, 마마, 파파, 나나 같은 가장 쉬운 단어들을 그들에게 제시하는 것이 보통이다. 아기의 이와 같은 언어 연습은 정상이다.

우리 어른들이 쓰는 '아버지, 어머니' 등과 같은 단어들은 아기들에게 너무 어렵기 때문에 아기들이 보다 쉬운 소리부터 시작하는 것은 너무나 자연스럽다.

그러나 그들의 혀가 더 유연해지기 시작하면, 이와 같이 아기처럼 계속 말하게 하면 혀짧은 발음을 하게 되기 때문에 그릇된 일이다.[19] 이 외에도, 후에 어린아이가 더 긴 단어들을 배우게 되고, 긴 문장으로 말할 때, 그들은 아기 때 잘못 배운 것을 버려야 한다. 왜 어머니, 누나 또는 유모는 아기들과 게임처럼 단어와 음절을 소개하며 똑똑하게 발음하도록 먼저 가르치고, 그 후 가장 짧은 문장부터 시작해서 긴 문장을 가르치지 않는 것일까? 이런 훈련은 두 살 난 아이에게 문법을 충분히 알게 한다. 다른 아이들보다 좀 늦는 아이들은 세 살까지 지속할 필요가 있을 것이다.

그 후 유아들의 언어는 사물에 대한 지식 증가와 함께 향상될 것이다. 만일 유아들이 자신이 보거나 하는 일마다 명명하는 습관을 가질 수 있도록 계속 연습의 기회를 준다면 언어 발달은 촉진될 것이다. 그러므로 유아들은 자주 질문을 받아야 한다. 이것은 무엇이니? 너는 무엇을 하고 있니? 이것은 뭐라고 부르니? 유아들이 분명히 대답하도록 항상 주의를 기울여야 한다. 어른들은 어떤 놀이, 예를 들면 누가 더 빨리 더 긴 단어들, 즉 tarantantara, nabuchodonosor, constantinopolitan을 발음할 수 있나를 서로 해보게 하는 등의 놀이로 그들을 즐겁게 가르쳐야 한다. 문법 중심으로 유아들에게 언어를 가르치지 않아야 한다.

대부분의 유아들은 한 살 전후에 상대방의 제스처를 본능적으로 관찰하며 수사학의 원리를 학습한다. 이른 나이에 언어를 배우는 정신과 능력이 그들의 마음속에 깊은 뿌리로 남아 있기 때문에

코메니우스의 유아학교

우리는 습관적으로 우리 자신이 갖고 있는 지식과 사물들을 제스처와 외적 행동으로 아기들에게 알려 주어야 한다. 어른들이 아기들을 들어올리고, 재우고, 무엇인가를 보여 주고, 웃으면 아기들은 이에 반응하며 다시 우리를 바라보고, 미소 짓고, 손을 뻗어 우리가 주는 것을 받게 해야 한다.

우리가 잘 듣지 못하거나 말을 못하는 사람과 의사소통하는 것처럼, 처음에는 제스처로, 그다음에는 언어로 서로 이해하는 것을 배운다. 나는 한 살 또는 두 살 유아의 이마에 주름이 질 때와 아닐 때의 의미가 무엇인지, 손가락으로 위협하는 것이 무슨 의미인지, 끄덕이는 것이 무엇이고, 자주 끄덕이는 것이 무엇인지를 즉각적으로 이해하고 배울 수 있다고 생각한다. 이 모든 것은 정말로 수사학적 행동의 기초이다.

만 세 살 무렵부터 유아들은 외모나 제스처를 이해하고 모방하기 시작한다. 질문해야 할 때, 경의를 표해야 할 때, 특별히 조용해야 할 때 등을 이해하고 모방한다. 그들은 아직 단어의 뜻을 알아가는 과정에 있기 때문에 은유적 표현은 제대로 이해하지 못한다.

만 5세 내지 6세 유아들은 은유를 이해하기 시작한다. 은유 이해가 느린 것에 대해서 걱정할 필요는 없다. 유아들이 언어를 멋있게 꾸며서 사용하는 것은 나중에 충분히 할 수 있다. 내가 목표로 하는 바는 우리가 모든 예술과 과학을 깊이 다루지 않을지라도, 지식은 아주 어린 나이에 뿌리내린다는 것을 보여 주는 것이다. 이런 기초 위에, 우리 어른들이 이성이 있는 창조물, 즉 유아를 항상 이성으로 대한다면 수사학의 전체적인 구조를 가르치는 것이 어렵거나 불가능하지 않다.

언어의 리듬과 운율이 엮인 시(詩) 역시 아기가 말을 배우기 시작하는 것과 함께 발생한다. 아기가 단어들을 이해하기 시작하자마자 멜로디와 리듬을 사랑하기 시작한다. 그러므로 다친 아기가 울어댈 때, 유모들은 습관적으로 또는 그와 비슷한 시로 달랜다.

> 나의 사랑스러운 아가! 오, 어여쁜 아가!
> 왜 나가서 뛰어갔니?
> 달려가 길을 잃어서 얻은 게 뭐니?
> 만약 아가가 조용히 앉아 있었더라면
> 아파서 고통당하는 일이 없었을 텐데.

이 동시를 아기들은 너무 좋아해서 듣는 즉시 조용해질 뿐만 아니라 웃기까지 한다. 그때에 유모들은 토닥거려 주거나 달래면서, 이와 비슷한 시를 노래로 불러 준다.

> 세상에서 제일 사랑스러운 아가야, 울지 말아라,
> 너의 아름다운 눈을 감고 잠자거라.
> 이제 안녕할 시간이야, 사랑스럽고 어여쁜 아가야,
> 그리고 너의 고통과 두려움을 잊어버려라.

만 세 살과 네 살 때에는 리듬에 대한 지식들이 훌쩍 증가할 것이다. 유아들과 함께 놀아 주면서 유모들은 동시를 들려주어 울지 않

코메니우스의 유아학교

도록 할 뿐만 아니라 앞으로 더 잘 배우게 하기 위해 기억에 고정시킨다. 예를 들면, 만 네 살 후의 기간 동안 유아들은 훌륭한 짧은 구절들(나중에 10장에서 보여 주겠다)을 암기함으로써 시에 대한 지식을 증가시킬 수 있다.

이 나이의 유아가 리듬과 시가 무엇인지 이해할 수 없는 것은 당연하다. 하지만 리듬과 시구를 사용함으로써 산문과 운율이 있는 언어의 차이를 배울 수는 있다. 사실, 아이들이 커서 학교에서 시를 배울 때, 그들은 일찍이 시를 배웠었던 것을 발견하고 이제 더 잘 이해하게 되었다며 기뻐할 것이다. 그러므로 시를 훈련한다는 것은 유아들이 리듬과 시는 무엇인지 그 차이를 알게 되는 단순한 일이다.

그래서 유아들은 생후 6년 동안에 언어를 공부하고 다양한 수준에서 언어를 연습해야 한다.

제 **9** 장

성품

윤리와 덕목을 어린이들에게
어떻게 가르칠 것인가

4장에서는 유아기에 몸에 익혀야만 하는 외형적인 덕목들에 관해 언급했었다. 여기서는 어떻게 하면 그러한 훈련이 효과적으로 이루어질 수 있는가에 대해 설명하고자 한다.

'나이 어린 아이들에게 이와 같이 심각한 문제들을 어떤 방법으로 익숙해지게 할 것인가?'라고 누군가가 묻는다면, 내 대답은 이렇다. 다 자란 나무보다는 부드럽고 어린 나무가 훨씬 더 쉽게 휘어져 이쪽저쪽으로 자란다. 마찬가지로, 다음과 같이 적절한 방법을 사용한다면 나이 들어서보다는 생후 처음 몇 년 동안에 훨씬 쉽게 온갖 종류의 선(善)을 수련할 수 있다. 그 방법들은 다음과 같다.

- 덕이 있는 행동을 끊임없이 모범으로 보여 준다.
- 적기(適期)에 사려 깊게 가르치고 연습하게 한다.
- 좋은 버릇을 갖게 한다.

유아들은 반드시 지속적으로 좋은 모범을 보이는 사람을 한 명쯤은 가지고 있어야만 한다. 왜냐하면 하나님께서는 유아들에게 일종의 모방원리, 다시 말해서 타인의 행위를 무엇이든지 보는 대로 모방하고자 하는 열망을 심어 놓으셨기 때문이다. 이 열망은 너무도 강한 것이어서 설령 당신이 한 아이가 어떤 일을 하는 것을 결코 원하지 않는다고 하더라도, 만약 당신이 아이가 보는 자리에서 그러한 일을 말하거나 행한다면 당신은 아이가 똑같이 따라하게 되는 것을 깨닫게 될 것이다. 이 때문에 어린 자녀가 있는 집 사람들은 윤리덕목에 반하는 어떠한 일도 하지 않도록 최대한의 주의를 기울여야만 한다. 집안 전체가 절제, 청결, 단정함, 윗사람에 대한 경의, 상호 배려, 진실됨을 항시 준수해야 한다. 그러면 그것을 가르치기 위해 말을 많이 하거나 강압적 폭력을 쓸 필요가 없을 것이다. 어른 스스로 도에 지나치거나 방종에 빠지면 아이들은 자연스레 자신들이 본 어른의 행동을 따라하게 된다…….

가르침, 특히 적기에 사려 깊게 가르치는 것은 모범적인 행동을 하는 사람이 옆에 있어야 한다. 다만 모범을 보이는 사람이 아이들에게 그다지 유익하지 않은 경우, 또는 아이들이 스스로 타인의 모범을 좇아 행하려 해도 실패하는 경우에는 아이들에게 말로 가르치는 것이 적당하겠다. 이 경우 우리는 "자, 내가 하는 것을 잘 보렴—아버지, 어머니가 하시는 것을 보거라—그런 짓은 하지 말거라—그런 일은 거지나 무뢰한들이 하는 짓이란다."라고 훈계함으로써 아이들이 바르게 행동할 수 있도록 도울 수 있을 것이다.

유아들로 하여금 덕 있는 모범자를 따르거나 훈계를 청종하도록 하기 위해서 이따금씩 벌이 필요하기도 하다. 그런데 벌에는 두 단계가 있다. 첫째, 버릇없는 행위를 한 아이를 꾸중하는 단계—아이를 공포 속에 옭아매기 위함이 아니라 그가 마음을 고쳐서 두렵고 떨리는 감정을 갖게 할 뿐 아니라 스스로 바르게 행동하게 하려는 목적에서 벌을 준다. 사려 깊게 가끔씩은 훈계나 어르는 행위 직후에 그에 더하여 보다 엄히 꾸짖거나 창피를 줄 수도 있다. 그러나 행실을 개선하는 데 주안점을 둔다면 그 즉시 또는 잠시 후에라도 칭찬을 해 주는 것이 바람직하다. 어른이나 아이나 사려 깊은 칭찬이 더 유익하기 때문이다.

이러한 징계의 첫 단계가 실패하는 경우, 다음 단계는 그 아이가 마음을 다잡고 보다 청종하는 태도를 갖도록 하기 위하여 회초리나 손으로 살짝 때리는 단계이다. 나 코메니우스는 모든 것을 눈감아 줄 뿐만 아니라 잘못한 아이들을 징계하거나 교정해 줌 없이 놔두는 일부 부모들의 행동은 올바르지 않다고 본다. 기껏해야 자식 사랑을 천박하게 흉내 내는 부모들이 있는데 그런 행동을 심히 질책하지 않을 수 없다.

이런 부모들은 자녀들이 다음과 같은 온갖 종류의 나쁜 짓을 저질러도 용인한다. 사방으로 날뛰기, 고함 지르기, 소리 지르기, 무단히 울며 악쓰기, 윗사람에게 퉁명스레 쏘아붙이기, 남에게 혀 내밀어 야유하기, 천방지축 제멋대로 하기. 그런 자식을 용서하면서, "얘는 어린애예요. 얘를 들볶아서는 안 돼요. 얘는 아직 이런 일을 이해하지 못해요."라고 말한다.

만약 자녀가 이러한 측면의 지식을 알고자 하는데도 그 지식을 확대 보충하여 주지 않는다면, 당신 자신이 무지한 자이다. 당신의 자녀가 태어난 것은 송아지나 당나귀 새끼로 머물러 있기 위한 것이 아니요, 이성적인 존재가 되기 위함이니 제대로 교육해야만 한다.

당신은 "아이의 마음에는 미련한 것이 얽혔으나 징계하는 채찍이 이를 멀리 쫓아내리라."라고 성경이 말하고 있음을 알지 못하는가? 어찌하여 당신은 애정 어린, 거룩한, 적시의 유익한 징계로써 자녀를 무지한 상태로부터 구해내지 않는가? 왜 방임하는가?[21]

유아가 이해하지 못한다고 당신 스스로에게 합리화시키지 말라. 만약 그가 심술부리고 불순종하며, 성내고, 분내며, 비웃고, 양 볼을 볼록 내밀며, 사람들에게 무례하게 행동한다면, 그는 분명히 회초리가 무엇이며 왜 매를 맞아야 하는지도 알아야 할 것이다.

합당한 이유는 유아를 실망시키지 않지만 어리석은 부모는 유아를 실망시킨다. 이런 부모는 자신과 유아에게 어떤 일이 가장 좋은지에 대해 알지 못할뿐더러 그에 대해 알려 하지도 않는다. 유아기 이후 수년 내에 대부분의 아이들이 부모에게 반항하며 갖가지 방법으로 골칫거리를 야기하는 원인은 유아기 때 부모들을 존경하도록 훈육받지 않았기 때문이다. 그렇지 않은가?

"징계가 없이 성년에 달한 자는 늙어서도 덕망이 없다."는 속담은 맞는 말이다. 성경에 기록되기를, "채찍과 꾸지람이 지혜를 주거늘 마음대로 행동하게 내버려 두면 그 자식은 어미를 욕되게 하느니라(잠 29:15)."라고 했다.[22]

우리는 "내 자식들은 불순종하고 악하며, 믿음에서 실족했으며, 방탕하고 경솔하며 탐욕스럽다."라고 하는 부모들의 불평 소

코메니우스의 유아학교

리를 종종 듣는다. 친구여, 당신이 뿌린 대로 거두는 것이 이상한 일인가?

그들의 마음에 음란과 방탕의 씨앗을 뿌려 놓은 후, 바른 예의라는 열매를 수확하려고 하는가? 접붙임 받지 않은 나무는 그 나무의 열매를 맺을 수 없는 법이다. 수고를 들여야만 부드러운 새 가지를 접붙이고, 적당한 경사를 주거나 아니면 바로 세워서, 잘못 자라지 않도록 할 수 있다. 대부분의 사람들이 버릇들이기를 무시하기 때문에 젊은이들이 곳곳에서 건방지고, 충동적이며, 불경건하고, 하나님을 격노하게 하며 나아가 주의 종을 근심시키는 자로 성장한다는 것도 놀랄 일은 아니다. 한 지혜로운 자는 말하기를, "비록 유아가 천사처럼 보일지라도, 여전히 회초리는 필요하다……."라고 했다.*

지금까지는 일반적인 내용을 언급했을 뿐이다. 이제는 몇 가지 윤리 덕목에 대해서 그리고 어떻게 하면 이들 덕목을 아이들에게 쉽고 사려 깊게 또한 예절 바르게 수련시킬 수 있는지에 대하여 지적해 보고자 한다.

절제와 검약이 그 첫 번째 자리에 와야 할 것이다. 절제와 검소함은 건강한 삶의 토대를 이루며 다른 모든 덕목들의 뿌리이다. 당신이 아이들에게 자연적인 필요에 부응할 만큼만의 식사와 음료, 수면을 허용하면 아이들은 이들 덕목에 익숙해질 것이다. 자연적 본

---

* [역주] 코메니우스가 회초리를 써야 한다고 한 것에 오해가 없어야 한다. 만 6세 이전에 부모들은 회초리를 들지 않고도 인정과 칭찬으로 좋은 버릇을 기를 수 있는데 이에 실패했을 때, 즉 초등학생이 되어서도 버릇이 없을 때 엄하게 해야 한다는 뜻이다.

I. 유아학교

능만을 따르는 여타의 동물들은 우리들보다 더 절제력이 있다. 유아들은 자연의 본성이 요구하는 때에만, 다시 말해서 배고픔과 갈증으로 고통받는 것처럼 보일 때에 먹고, 마시고, 수면에 시달리는 듯 보일 때에 자게 해야 한다. 이와는 다르게 아기들이 먹기 싫어할 때 억지로 쑤셔 넣는 것, 피곤해할 때 완전히 푹 덮어 주는 것, 또는 잠자도록 강요하는 것 역시 미친 짓이다. 이와 같은 것들은 자연의 필요에 따라 공급되면 족하다.

또한 밀가루로 만든 빵류나 건강에 안 좋은 단 음식들로 아이들의 식욕을 없애지 않도록 주의하라. 이들은 필요 이상을 운반하는 기름진 운송수단이며, 위를 유혹해서 지나치게 먹도록 만든다. 아이들에게 가끔 맛있는 음식을 줄 수도 있겠지만, 사탕류를 주는 것은 건강에도 해롭다.

유아를 가능한 한 깨끗하고 깔끔하게 양육함으로써 출생 후 일년 안에 청결과 단정함의 기초를 닦을 수 있다. 그 다음해부터는 예절 바르게 식사하게 하기, 기름기로 손가락을 더럽히지 못하도록 하기, 음식을 흩뿌려서 몸을 더럽히지 않도록 하기, 먹는 동안 소음을 내지 않도록 하기, 음료를 핥지 않고 몸에 튀기지 않으면서 게걸스럽게 마시지 않게 하기 등을 가르쳐야 한다.

유사한 습관이 청결과 단정하게 옷입기에서도 요구된다. 옷으로 땅바닥을 쓸고 다니지 않으며 동시에 일부러 옷을 더럽히지 않게 한다. 이러한 일은 사려가 부족한 탓에 아이들에게는 흔한 현상이다. 그럼에도 불구하고 부모들 자신이 아주 게을러 이러한 일들을 묵과해 버린다.

어른들이 공들여 아이들을 돌보아 주고 섬기는 마음으로 도와주면 아이들도 곧 윗사람을 존경하게 된다. 아이를 훈계하고, 꾸짖고 벌주면, 당신을 존경하지 않게 될 것이라고 염려하지 말라. 만약 당신이 (아이들을 과잉보호하는 많은 사람들이 행하는 것처럼) 아이들에게 모든 것을 허용하고 훈계하지 않는다면 그들은 장차 틀림없이 건방지고 고집 센 아이가 될 것이다.

"아이들을 사랑하는 것은 자연스러운 일이나 그 사랑을 감추는 것은 사려 깊은 일이다……." 아이들에게 당신의 넘쳐흐르는 사랑을 드러내 보여 주고, 그렇게 함으로써 건방짐과 불순종의 문을 열어 놓는 것보다는 버릇을 들여 아이들의 행동을 절제하게 하는 것이 훨씬 낫다.

타인이 자녀들을 꾸짖을 수 있도록 하는 것 또한 유익한 일이다. 그리하면 부모의 시선 아래 있을 때뿐만 아니라, 그 어느 곳에 있다고 하더라도 그들은 스스로에게 적정한 관심을 갖게 되고 이를 통해서 모든 이에 대한 겸손과 존경을 아이의 마음에 뿌리내릴 수 있게 할 수 있다. 물론 지극히 경솔한 자들은 그 누구라도 자신의 자녀들을 비우호적인 시선으로 바라보는 것을 용납치 않을 뿐만 아니라 자식들의 면전에서 자기 자식들을 옹호하는 자가 되어 버리고 만다. 이렇게 하면 그 자녀들의 뜨거운 피가 방탕함과 거만함을 향하여 고삐 풀린듯이 달려가게 할 것이다.

순종에 관해 유아들에게 가르칠 때는 주의하여야 한다. 순종은 향후 가장 큰 덕목의 기초가 되기 때문에 우리는 묘목이 혼자 마음대로 자라도록 내버려 두지 않고 나무에 지지목을 대 주거나 든든히 묶어주어 묘목이 쉽게 고개를 쳐들고 힘을 받아 성장할 수 있도록 돕는다.

테렌스(Terrence)가 말했듯이 "자유의 과잉 현상으로 인해서 우리의 생활 여건은 한층 더 위험해졌다." 따라서 아버지나 어머니가 "그건 만지지 말아라!" "움직이지 말고 가만히 앉아 있어라!" "그 칼 치워라!"라고 말할 때마다, 아이들은 부모의 말씀에 즉시 따르는 습관을 가져야 한다. 만약 일말의 고집이라도 보인다면, 꾸중이나 사려 깊은 벌로 행동을 간단히 고칠 수 있다.

우리는 문서 자료를 통해서 페르시아인들이 대단한 열성으로 자녀들에게 절제와 진실됨을 훈련했음을 알고 있는데, 그들이 그렇게 한 것은 타당한 이유가 있다. 거짓과 위선으로 행동하는 자는 누구든지 하나님은 물론 사람 앞에서도 가증한 존재이기 때문이다.

"거짓말은 노예적인 악행으로서, 만인은 이를 단호히 정죄해야 한다."라고 플루타크(Plutarch)는 말했다. 하나님의 관점에서 보아도 '거짓 입술은 여호와께 미움을 받는다.'고 성경은 증언하고 있다. 그러므로 아이들은 비록 잘못을 범했을지라도 겸허히 이를 고백하되 고집스레 그 사실을 부인하지 않도록 해야만 하고 진실에 반하는 것을 말하지 않도록 해야 한다…….

아이들을 책임 맡고 있는 자들이 유아에게 이 나쁜 버릇을 소개하지 않는 한, 유아들은 타인의 소유물에 대해 욕망을 가지지 않는다. 가령 아이들의 면전에서 누군가가 타인의 물건을 슬쩍하거나, 은밀히 음식을 감추거나 빼돌리며, 혹은 타인에게 같은 짓을 하도록 유혹하는 경우에 유아들은 이러한 악습을 갖게 된다. 이와 같은 행위를 장난으로 했든, 아니면 심각하게 했든 간에, 이를 본 유아들은 따라 하게 된다. 이러한 관점에서 볼 때 아이들은 모방의 귀재인 새끼 원숭이라고 할 수 있다. 보는 것은 무엇이든지 기억해 두었다가 따라 하기 때문이다. 그러므로 아이들을 돌보는 사람들은 만사에 조심, 또 조심해야 된다. 그래야 어린 시절부터 타인에 대한 자비와 선행을 조금씩 배우고 실천하게 될 것이다. 마찬가지로 아이들에게 가끔 자신의 물건을 타인에게 나누어 주는 것도 가르칠 수 있다. 아이들이 다른 사람에게 나누어 주는 것을 볼 때에는 칭찬해 주어야 한다.

"나태는 사탄의 방석"이라고 하는 선조들의 말은 지극히 옳다. 사탄은 누구든지 일하지 않는 자를 찾아내서 처음에는 악한 생각으로써 그리고 나아가서는 부끄러운 행실로써, 그를 반드시 사로잡아 버린다. 그러므로 심지어 어린아이를 포함해서 아무라도 빈둥거리게 해서는 안 된다. 유아기부터 모든 방법을 동원해서 열심히 일하게 함으로써 가장 파괴적인 유혹자가 열어 놓은 문을 닫게 하는 것이 현명한 일이다.

아이들의 어깨가 견뎌낼 수 있는 일의 정도를 나는 잘 알고 있다. 유아기에 해야 할 일이라고 해 봐야 기껏 놀이 수준에 지나지 않는다(실제로 그보다 더할 수도 있다). 빈둥거리는 것보다는 노는 것이 낫다. 왜냐하면 놀이하는 동안에는 정신이 어떤 대상에 집중되고, 이와 같은 주의집중은 잠재 능력을 계발하기 때문이다.

인간의 본성 자체는 아이들로 하여금 무엇인가를 하도록 되어 있기 때문에 아이들은 일찍부터 별다른 어려움 없이 능동적인 삶

I. 유아학교

을 살도록 훈련받을 수 있다. 그러나 이 문제에 관해서는 이미 7장에 언급한 바 있다.

말하기를 배우는 동안 내내, 아이들은 자신들이 원하는 대로 자유롭게 말하며 재잘댈 수 있어야 한다. 그러나 말하기 기술을 습득한 연후에는, 침묵하는 법을 배우는 것이 아주 중요하다. 이는 아이들을 동상으로 만들기 위함이 아니요, 비록 어리지만 양식 있는 사람으로 기르기 위함이다……. 신중히 침묵하는 것이야말로 건전한 지혜의 시작인 바 침묵은 아무도 해치지 않는 데 반해서, 수다스러운 말은 많은 사람에게 상처를 줄 수 있기 때문이다. 비록 상처를 입은 사람이 없다 하더라도 말하기와 침묵하기는 살아생전 우리의 모든 대화에 토대가 되고 생의 열매를 맺게 할 것이므로, 상호 긴밀하게 연관을 가지면서 말하기와 침묵을 동시에 배울 수 있어야 한다.

부모들은 자녀들이 침묵 내지는 조용히 하는 습관을 익혀서 기도와 예배 중에 집이나 공공의 장소에서 이리저리 날뛰고 소리 지르며 소란을 피우지 않도록 해야 한다. 아이들은 또한 모든 일에 있어 아버지나 어머니의 말씀을 조용히 듣는 것도 배워야 한다.

침묵하기의 또 다른 이점은 논리적으로 말하기 위해서이다. 침묵하기는 말을 체계적으로 하는 능력과 연관이 있다. 아이들은 말하거나 어떤 질문에 대답하기 전에 침묵하면서 문제의 본질과 합리적으로 말하는 법에 대해 숙고해 볼 수 있는 기회를 가질 수 있다. 맨 먼저 머리에 떠오르는 말을 아무 것이나 내뱉는 것은 어리석은 짓이며, 지적인 사람이 되고자 하는 사람에게는 어울리지 않는 모습이다. 다만 부단히 반복하여 말하지만 이러한 일들은 나이에 알맞게 행해질 일이라는 점이다.

지나칠 정도로 관용을 베풀지 않는 유아는 인내하는 습관을 배워야 한다. 일부 아이들의 경우에는 한 살 내지 두 살 때 이미 죄성의 악영향이 고개를 쳐들기 시작한다. 이에 대해서는 엉겅퀴를 뽑아내듯 죄성이 씨를 맺기 전에 뿌리를 뽑는 것이 최선이다. 예컨대, 고집불통의 성향을 가진 아이는 자기 마음에 드는 것을 얻기 위해 심하게 울부짖는다. 어떤 아이들은 분을 내거나 적의를 표출하며, 여기저기를 깨물고, 차고 때리며 복수심을 불태운다.

이러한 성향들은 자연적 본성이 아니라 그때그때마다 삐져나오는 잡초들일 뿐이므로 부모들은 그 싹부터 잘라 버리는 데 최대한의 주의를 기울여야 한다. 향후 죄악이 깊이 뿌리를 박은 연후에 제거하는 것보다 어린 시절에 제거하는 것이 쉬울 뿐 아니라 아이에게도 훨씬 유익하다. 일부 사람들이 "그 애는 어린아이예요. 애가 뭘 알겠어요."라고 하는데 일고의 가치도 없는 말이다. 나는 앞에서 그런 사람들은 교육을 전혀 이해하지 못하는 사람이라고 말한 바 있다.

물론 무익한 식물이라고 하더라도 땅에 올라오자마자 그 즉시 제거해 버릴 수 있는 것은 아니다. 유익한 식물과 잡초를 구별하기 어려울뿐더러 쉽사리 손으로 잡기 힘들기 때문이다.

우리는 잡초가 완전히 자랄 때까지 기다려서는 안 된다. 그러면 쐐기풀은 더 거칠어지고 가시는 더 뾰족해져 식물은 열매를 맺지 못할 정도로 쇠약해진다. 가시덤불은 일단 뿌리를 깊이 내리면, 잡

I. 유아학교

아 뽑는 데 힘이 많이 들고 식물의 뿌리도 함께 올라와 모든 일을 망쳐 버리곤 한다. 따라서 잡초, 쐐기풀, 엉겅퀴 등은 발견되자마자, 곧장 뿌리를 뽑아야 한다. 그러면 제대로 된 작물이 그만큼 더 풍성하게 산출된다.

만일 아이가 필요한 양보다 더 많이 먹으려 하거나 꿀, 설탕, 과일 등을 입에다 잔뜩 쑤셔 넣는 것을 보거든 부모는 그 아이보다 현명해져서 그런 일을 허용해서는 안 된다. 해악의 원인을 제거하고 아이의 관심을 다른 곳으로 돌린다. 아이가 울더라도 괘념치 말라. 충분히 울고 나면 멈출 것이고, 장차 그런 습관을 버리게 되어 큰 유익이 될 것이다.

마찬가지로, 만일 아이가 짜증을 잘 내고 건방지거든 가만히 용서하지 말아야 한다. 그를 꾸짖고, 벌하고, 달라는 것을 치워 버리도록 하라. 이렇게 할 때 아이는 결국 자기 자신의 쾌락이 아니라 부모의 의사를 따라야 한다는 사실을 깨닫게 될 것이다. 아이에게 상처를 주거나 신경질을 내지 않겠다는 점에 유의하면서, 아이가 부모의 권고와 벌을 무시하지 않도록 한다면 만 두 살 된 아이도 이러한 훈련에 잘 적응한다.

통상적으로 아이들은 스스로 모든 것을 깨닫기 때문에 섬김의 습관을 갖게 하는 데는 별다른 수고를 하지 않아도 된다. 그러므로 아버지나 어머니는 "얘야, 그것 좀 건네주렴―이것 좀 들어라―그건 벤치에 놓아 두렴―언니를 불러오너라―동생한테 내가 보잔다고 해라―저 구걸하는 불쌍한 아이에게 이것을 갖다 주려무나―할머니께 가서 이걸 어떻게 하는지 여쭈어 봐라." 하는 등 아이의 연령이 증가할 때마다 그 나이에 맞는 어떤 일을 상황에 맞추어 시킴으로써 섬김을 배우게 할 수 있다.

아이들은 또한 즉각적으로 순응하는 태도와 민첩함도 배워야 한다. 아이들은 어떤 일을 시켰을 때 하던 놀이를 그만두고, 할 수 있는 한 즉시 시킨 바를 수행해 낼 수 있어야만 한다. 웃어른에게 신속히 순종하는 것은 아주 어릴 때부터 배울 수 있을 것이다. 이러한 태도는 후에 아이들에게 매우 큰 자랑거리가 된다.

예의바름에 관한 한 부모는 자신들이 아는 한도까지만 유아에게 가르칠 수 있다. 부모는 물론이고 다른 어른들도 정중하고 공손하게 행동하는 아이에게 호감을 갖는다. 어떤 아이들에게 예의바름은 생득적인 태도인 반면에, 훈련을 요하는 아이들도 있다. 이는 소홀히 해서는 안 되는 태도이다.

정중함이나 친절은 상황에 맞게 절도 있게 조율될 필요가 있다. 당나귀 우화는 이와 같은 점을 잘 설명해 준다. "옛날 옛적에, 강아지가 꼬리를 주인에게 비벼대며 주인의 품 안으로 뛰어드는 것을 본 당나귀 한 마리가, 그와 똑같은 일을 시도해 보았다. 그러나 당나귀의 친절한 행위에는 몽둥이 찜질이 뒤따랐다." 이 이야기로부터 아이들은 각자에게 합당한 것이 무엇인지를 배우고 기억할 수 있을 것이다.

다음과 같은 제스처나 모션들 가운데 어느 것이 어울리는 것이고 어느 것이 그렇지 않은지에 대해 잘 알 수 있도록 아이들을 지속적으로 수련시켜야만 할 것이다. 팔·다리를 구부정하지 않게 하기, 비틀거리거나 기대지 않기, 똑바로 앉는 법, 곧추서는 법, 품위

있게 걷는 법, 무언가 필요한 것을 받았을 때 감사해하는 법, 누구를 만났을 때 인사하는 법, 윗사람에게 이야기할 때 모자를 벗는 법 등을 틈이 날 때마다 가르친다. 훌륭하고 존경받는 분들에게 어울리는 말과 행동하기도 가르친다.

제 10 장

영혼

어떻게 어린이들에게 믿음과 경외를
훈련할 것인가

"어린아이들이 하나님을 두려워하지 않는다면 자녀에 대해 기뻐하지 마라……. 왜냐하면 믿지 않는 자녀들을 갖는 것보다 아이 없이 죽는 것이 낫기 때문이다."라고 현자 시락(Sirach)은 말했다. 그러므로 부모는 그 무엇보다도 어린아이들에게 진실되고 꾸밈이 없는, 외식이 아닌 내면에 경건함을 갖는 일에 대해 관심을 가져야 한다. 하나님에 대한 경외와 순종이 없는 지식과 예의범절은 아무리 세련되었다 할지라도, 미치광이 손에 있는 칼, 검 또는 손도끼처럼 해로운 것이다. 그것이 날카로울수록 그것은 더욱 위험하게 된다.

출생 후 첫 두 해 동안의 유아는 이성이 아직 발달되지 않았으니 아주 조금만 가르칠 수 있다. 하나님께서 어린이의 본성에 심으시고 당신이 내적 은혜로 영향을 주시는 것만 가르치라. 무슨 수단 방법을 쓰든지 우리는 아이가 하나님을 경외하도록 그 기초를 닦아야 한다. 비록 우리들이 아기들에게 하나님을 경외하는 것을 가르칠 수 없다 해도 우리들 자신이 하나님을 경외함으로써 유아들에게 경외의 기초를 닦을 수 있다.

하나님께서 우리에게 어린 아기를 주셨다는 것을 깨닫자마자 부모들은 열심히 하나님께 이 자녀를 축복하시고 성스럽게 해 주실 것을 구해야 한다. 매일 그리고 끊임없이 그들은 엄마 뱃속에 있는 동안 경건하고 신성한 방식으로 살도록 기도해야 한다. 그래서 그 자녀가 처음부터 하나님에 대한 경외를 마음에 갖고 시작하도록 해야 하는 것이다(제5장을 보라).

하나님께서 당신의 선물을 어두움에서 빛으로 가져오시면 부모는 주신 선물의 증인으로서 하나님의 손길을 경험하고 이 새로 온 낯선 아기를 입맞춤으로 환영해야 한다. 진실로 거룩한 마카비가(Maccabean)의 어머니가 "우리는 아기들이 어떻게 태에 잉태되는지 알지 못한다. 우리는 그들을 숨 쉬게 하거나 생명을 주지 못하며, 그들의 신체 부분들을 만들지도 못한다. 세상을 창조하신 하나님이 인류를 만드시는 분이다."라고 말했다.

신생아가 살아 있고 사지가 움직이는 것을 보면서, 부모는 겸손히 관대하신 하나님께 감사하고, 그분께서 당신의 거룩한 천사들이 아기와 함께 하시어 모든 악한 것들로부터 지켜 주시고 그분의 축복으로 자손이 번창하도록 기도해야 한다.

부모들은 하나님께서 주신 것을 다시 하나님께 돌려드려야 한다. 부모들은 경건한 헌신으로 자비하신 하나님께서 창조해 주신 아기를 구원하시고 아기에게 성령을 내려 주실 것을 기도해야 한다. 부모들은 또한 하나님께서 어린아이에게 생명과 건강을 주시면, 아이로 하여금 세상적인 허무함과 타락으로부터 멀리하도록 하고 하나님의 영광을 위해 살도록 훈련시킬 것을 경건하게 약속해야 한다. 그래서 한나(Hannah)는 그녀의 아들 사무엘(Samuel)을 잉태하기 전후에, 또 출산 직후에 아기를 하나님께 바쳤다. 하나님께서는 한나의 기도를 들으시고 그를 축복하셨다. 자비하신 하나님께서는 겸손히 그리고 정성껏 바친 것을 쉽게 물리치시지 않는다. 그러나 만약 부모들이 경건한 자들일지라도 이러한 면에 유의하지 않는다면, 하나님께서는 불순종하는 자녀를 주신다.

어린아이가 진정으로 경건함을 알기 시작하는 것은, 아주 작은 사랑스러운 꽃처럼 이성이 피어나기 시작하고 사물을 구분하기 시작하는 만 두 돌부터이다. 그들의 혀가 풀려 단어들을 똑똑하게 발음하기 시작하고, 발에 힘이 생겨 걸으려고 할 때이다. 이때가 영적 훈련을 쌓기 시작하기에 아주 적당한 때이다. 이제 나는 이 일을 조금씩, 단계적으로 어떻게 할 것인지를 이야기하겠다.

첫째, 더 나이 든 어린아이가 식사 전후에 기도하거나 찬송을 부를 때 아기는 조용히 앉든지 서게 하고, 두 손을 모으고 경건한 상태로 있도록 훈련하라. 좋은 모범을 보여 주는 다른 사람들을 계속 본다면 아기들은 쉽게 익숙해질 수 있을 것이다.

둘째, 그들의 입술로 이제 하나님을 찬양하게 하고, 무릎을 꿇고 그들의 손을 모으고, 위를 쳐다보며 간단한 기도, 특히 다음과 같은 간단한 기도를 말하도록 가르쳐야만 한다.

"오, 나의 아버지 하나님, 당신의 아들 우리 주 예수 그리스도의 이름으로 저에게 자비를 베푸소서. 아멘."

한 달 혹은 두 달 안에 이 기도가 그들의 기억에 고정될 것이다.

다음에 아이들은 주기도문을 배워야 하는데 한 번에 배우는 것이 아니다. 먼저 첫 주에는 서두를 기억하고 다음 주에는 첫 기원을, 매일 아침과 저녁에 한 번 또는 두 번 반복해서 가르쳐야만 한다. 이런 일 말고 유모가 해야 할 일이 무엇인가? 어린아이의 이성이 발달함으로써 아이는 먹을 때마다 먼저 자신이 만든 짧은 기도를 하는 습관을 들일 수 있다.

어린아이가 첫 기원을 제대로 말하고 기억하는 습관이 들면, 두 번째 것을 첨가하고 그것을 두 주간 반복하라. 그러고 나서 세 번째 것을 이처럼 하고, 다음 주기도문의 끝 부분을 그렇게 하라.

셋째, 하늘을 가리키면서 어린아이에게 우리가 먹고, 마시고, 입는 모든 것을 창조하신 하나님이 그곳에 계신다고 말할 수 있다. 그러면 어린아이는 왜 우리가 기도할 때 하늘을 쳐다보는지를 이해할 것이며, 이 짧은 기도를 보충할 수 있다.

"오, 나의 하나님, 저는 당신을 경외하며, 나의 아버지와 어머니께 순종하며, 어느 곳에서나 무엇에나 당신을 기뻐합니다. 당신의 성령을 저에게 보내 주셔서 저를 가르치시고 저를 현명하게 하소서. 예수 그리스도의 이름으로 기도 합니다. 아멘."

그 후 세 돌이 되었을 때 사도신경의 일부분을 조금씩 소개하여 가르치다가 만 세 살이 끝날 즈음에는 사도신경을 모두 외울 수 있도록 한다. 좀 느린 아이는 네 살까지 가르친다.

지금이 하나님에 대해 이야기할 수 있는 적합한 때이다. 하나님에 대해 이야기할 때 아이들은 언제나 하나님을 존경하고 공경하고 사랑해야 한다. 그러나 하나님에 대해 이야기하는 것도 아이들의 능력에 알맞게 해야 한다. 예를 들면, 하늘을 가리키고 이야기한다. "하나님은 저기에 살고 계신단다." 또한 그들에게 태양을 보여 주고 말한다. "봐라, 하나님이 저 태양을 만드셨단다. 그리고 하나님은 그 태양의 빛을 우리에게 비쳐 주시고 계신단다." 하늘에서 천둥이 칠 때는 "봐라, 하나님은 죄가 많은 것들을 싫어하고 계신단다." 등…….

만약 누군가가 여기에 쓰인 내용이 유치하다고 생각한다면 "물론 그렇다."라고 답할 것이다. 우리 모두는 어린이들과 함께 일하고 있고 또한 어린이들과 같은 태도로 가르쳐야 하기 때문이다.

하나님 자신이 우리에게 말씀하실 때 우리를 어른으로 보고 말씀하시지 않고 어린아이로 여기고 말씀하신다. 사실 우리는 아이들이다. 그리고 우리가 성스럽고 신비한 하늘의 일들을 이해하는 것은 그것들을 그 자체로 이해할 수 있는 것이 아니라 우리의 능력만큼만 이해한다(고전 13:11). 하나님은 우리의 연약함 가운데 오셨다. 그런데 우리가 우리 아이들의 연약함에 대해서 똑같이 해서 안 되는 이유는 무엇인가?

아이들에게 사도신경 다음으로 십계명을 가르치는 것이 좋은데 이것 역시 단계적이며 부분적으로 소개한다. 따라서 모든 아이들이 기도를 같은 시기에 배우도록 해서는 안 된다. 그렇지 않으면 유아의 타고난 능력은 위축되고 손상받게 될 것이다.

마지막으로 십계명의 마지막 계명을 배운 후 하루 동안 몇 번 기도할 때마다 분명히 반복하게 해야 한다.

아이들이 기도문을 외울 때 부모와 돌보는 사람은 아이들이 제대로 하는지 살펴보다가 앞뒤를 바꾸거나 손을 움직이면 즉시 바로잡아 준다. 무슨 일이 있어도 이러한 내용을 진정으로 마음을 다하여 기억하도록 한다. 교육과 격려뿐 아니라 만약 필요하다면 꾸짖거나 벌을 주어서라도 알게 해야 한다. 기도하기 전이나 기도하는 동안이라도 이것에 관하여 아이들에게 충고하라. 그런데도 만약 아이들이 실수한다면 그 즉시, 혹은 기도를 마치는 대로 벌을 주라. 그러나 아이들이 이러한 신성한 것들을 사랑하는 대신 싫어하지 않도록 지혜롭게 해야만 한다.

만 5세가 되면 다음과 같은 저녁기도를 추가하라.

"하늘에 계시는 아버지여, 당신의 사랑하는 아들 예수 그리스도를 통하여 하루 종일 온전하게 지켜주심을 감사드립니다. 주님께 기도합니다. 말을 듣지 않고 행한 모든 죄를 용서해 주십시오. 그리고 주의 은혜로 이 밤도 지켜 주시옵소서. 또한 저의 마음과 영혼과 모든 것이 주님의 손 안에 있도록 하여 주옵소서. 그리고 악한 영이 나를 괴롭히지 못하도록 주님의 거룩한 천사들을 저에게 보내 주옵소서. 아멘."

유아기에는 악한 영으로부터 지키는 것이 필수적이므로 어린 아기 때 마음에 내린 거룩한 뿌리가 이제 방해받지 않도록 해야 한다. 아이들의 눈과 귀에 들어가면 독이 되어 악을 심거나 신앙심이 없게 만드는 일은 무엇이든지 피하도록 모든 노력을 경주하여야 한다……. 첫 번째 인상이 우리들의 마음에 가장 확고히 각인된다는 것은 영원한 진리이다. 유연한 유아기에 아이들의 마음에 각인된 첫 번째 것은 무엇이든지 간에, 그것이 선한 것이든지 악한 것이든지, 그들이 살아 있는 동안 가장 깊은 곳에 자리를 잡는다. 일단 각인된 인상은 다른 어떤 것으로도 쫓아낼 수 없다. 유아기에 개화하는 정신은 물렁물렁할 때 어떤 모양이든지 만들 수 있는 왁스와 같다. 그러나 그것이 굳어진 후에는 그 모양이 그대로 남게 되고 그걸 부수거나 강제로 하지 않는 한 바꿀 수 없을 것이다. 하지만 그 둘은 보다 넓은 측면에서는 다르다. 즉, 왁스는 원래의 형상을 없애기 위하여 불로 다시 묽게 만들 수 있지만 뇌는 전에 받았던 인상을 억지로 지우게 할 수 없다. 비록 본인 자신이 욕구가 있을지라도 그가 유아기 때 받았던 인상을 지울 수 있는 기술이나 방법은 고안된 적이 없다. 다른 사람의 명령으로는 훨씬 더 지우기 힘들다. 그러므로 자녀의 안전을 진심으로 바라는 부모들은 아이들에게 모든 좋은 일들을 가르치는 것보다 자신이 경건하고 성스럽게 살아감으로써 모든 사악한 일에 오염되지 않게 하는 일이 훨씬 더 중요하다. 그들은 그들의 가족이나 관리인들도 이같이 하도록 요구하여야 한다. 그리스도는 바르게 행동하지 못하는 사람들에게 경고하신다. "화있을진저 이 소자 중 하나를 실족하게 하는 그 사람에게는……" (마 18:6)

제 11 장

얼마나 오랫동안 아이들을
어머니학교에 두어야 하는가

씨로부터 자라난 어린 묘목은 더 많이 자라 열매 맺도록 과수원으로 옮겨 심는다. 바로 그와 같은 방식으로 아이들은 출생 후 어머니의 돌봄을 받으며 자라 정신과 몸이 강하게 되면 더 잘 자라도록 선생님의 가르침을 받아야만 한다. 왜냐하면 옮겨 심은 나무들은 항상 키가 더 크게 자라며 또한 정원에 있는 나무의 열매가 숲속의 열매보다 더 맛이 좋기 때문이다.

그러나 언제, 어떻게 해야 하나?

다음과 같은 이유로 인해 나는 만 6세 이전에 어머니로부터 떼어 선생님들에게 보내는 것을 찬성하지 않는다. 첫째, 유아기에는 돌보아야 하는 아이들이 많아 한 아이에게 관심을 덜 줄 수밖에 없는 선생님보다는 관찰과 돌봄을 많이 줄 수 있는 어머니가 더 좋기 때문이다. 따라서 이 시기에 아이들은 계속해서 어머니들의 돌봄을 받아야 한다.

그래서 뇌가 활발하게 기능하기 전에 올바르게 튼튼해지는 것이 더 안전하다. 아이들의 뇌는 감수성이 높고 만 5~6세 안에 그 기초가 형성된다. 따라서 유아는 집에서 자발적으로 자기도 모르는 사이에 놀며 배우게 해야 한다.

다른 방법으로는 자발적으로 배우게 할 수 없다. 너무 어린 묘목을 옮겨 심으면 이 묘목은 약하고 천천히 자란다. 그러나 어느 정도 자란 가지는 강하게 빨리 자란다.

만약 아이들이 만 6세나 7세가 될 때까지 집에 있더라도 내가 이 책에서 생후 6년간의 유아교육에 대해 이야기한 것처럼 부모들이 교육시킬 수 있다면 그렇게 늦은 것도 아니다.

부모가 제대로 교육시킬 수 없다면 6세가 넘도록 집에 아이들을 두는 것은 바람직하지 않다. 왜냐하면 생후 6년은 아이가 어머니학교에서 지혜를 배우는 충분한 기간이기 때문이다. 만약 아이들이 보다 높은 차원의 교육을 곧이어 받지 않는다면, 아이들은 조금도 이득이 되지 않는 나태의 습관을 갖게 되거나 제멋대로 뛰어다니는 송아지 새끼가 될 것이다.

그러나 이러한 조언이 항상 정확한 것은 아니다. 초등학교에 가는 것은 물론, 아이들의 능력이나 발달에 따라서 반 년 혹은 1년을 연기할 수 있다. 어떤 나무들은 봄에 열매를 맺는다. 또 어떤 나무들은 여름에 그리고 어떤 나무들은 가을에 열매를 맺는다. 그러나 일찍 피는 꽃들은 일찍 지고, 늦게 피는 꽃들은 보다 강하고 오래 견딘다.

코메니우스의 유아학교

(194)

The Close.   **CLI.**   **Clausula.**

Thus thou hast seen in short, all things that can be shewed, and hast learned the *chief Words* of the *English* and *Latin Tongue.*	Ita vidisti summatim res omnes quæ poterunt ostendi, & didicĭsti *Voces primarias Anglicæ* & *Latinæ Linguæ.*
Go on now and read other good *Books* diligently, and thou shalt become *learned, wise,* and *gŏdly.*	Perge nunc & lege diligenter alias bonos *Libros,* ut fias *doctus, sapiens,* & *pius.*
Remember these things; fear God, and call upon him, that he may bestow upon thee the *Spirit of Wisdom.*	Memento horum; Deum time, & invoca eum, ut largiatur tibi *Spiritum Sapientiæ.*
Farewell.	Vale.

93

I. 유아학교

어떤 생득적인 능력은 6세 혹은 5세, 심지어 4세 전에도 빨리 자랄 수 있다. 하지만 이런 일을 하는 것보다는 억제시키는 것이 보다 좋다. 아이를 재촉해 빨리 가르치는 것은 아주 나쁘다. 유아기에 의사를 찾게 되는 부모들의 아이는 거의 독신으로 살거나 혹은 바보가 될지도 모른다.

다른 한편으로, 사람에게는 만 7세나 8세가 되어서 가르치기 시작해야 잘 배우는, 좀 늦게 피어나는 능력도 있다. 따라서 이 책에 쓴 조언은 인구의 대부분에 해당되는 보통 능력의 아이들에게 적용하는 것으로 이해되어야 한다. 만약 누군가가 재능이 너무 뛰어나거나 떨어지는 자녀를 두고 있다면 그는 선생님과 의논해야만 한다.

다음은 아이들이 초등학교에 들어갈 준비가 되었음을 나타내는 모습이다.

• 아이가 어머니학교에서 배워야 하는 것들을 제대로 다 배웠다.
• 아이가 질문에 주의를 기울이고 대답을 이성적으로 하며 판단력을 보여 준다.
• 아이가 보다 더 심오한 가르침을 갈망하고 있다.

제 **12** 장

초등학교에 보내기 위해
아이들을 어떻게 준비시킬 것인가

모든 인간사가 적절하게 처리되기 위해서는 어느 정도의 심사숙
고와 준비가 필요하다……. 이성을 사용하는 인간은 생각과 판단
없이 그 어떤 일도 해서는 안 된다. 그는 왜 그 일을 해야 하는지,
그리고 그 일을 한 결과는 어떨지를 미리 예측하면서 항상 신중하
고 용의주도하게 행동해야 한다.

그런 까닭에 부모들은 공부를 하게 하려고 아이들을 생각 없이
학교에 보내서는 안 된다. 부모들은 먼저 무엇을 해야 할 것인지를
심각하게 숙고해야 하고 아이들도 똑같이 미리 예측해 보도록 그
들의 눈을 열어 주어야 한다. 도살업자에게 송아지를 맡기듯이 아
무 준비도 없이 자녀를 학교에 보내는 부모들은 어리석다. 그런 아
이들은 확실히 교장선생님(교사)을 괴롭히게 되고 교장선생님은
적합하다고 생각하는 때 그를 처벌하게 된다.

이런 부모들은 교사를 처벌하는 사람, 학교를 고문실로 잘못 생

각하는 바보이다. 부모 혹은 하인들이 아이들 앞에서 학교에서 주는 벌, 선생님의 가혹한 처벌, 학교에서 놀지 못하는 일 같은 것에 관해서 이야기하는 것도 부주의한 일이다.

많은 부모들은 "나는 너를 버릇들이기 위해서 학교에 보낼 거야." "선생님이 막대기를 가지고 너를 때릴 것이다." "조금만 있어 봐라. 선생님한테 혼날 테니."라고 말한다.

이같이 다루는 것은 아이들의 행동을 개선시키는 것이 아니라 더 큰 공포심, 절망, 그리고 부모님과 선생님들에 대한 맹목적인 두려움을 갖게 한다.

그러므로 지혜롭고 경건한 부모들, 가정교사, 그리고 보호자들은 다음과 같이 행동해야 한다. 즉, 아이들을 학교에 보내야 할 때가 가까워 오면 다른 소년, 소녀들과 함께 행복한 마음으로 학교에 가서 함께 놀며 배우게 된다는 사실을 이야기해 주어 아이들이 축제날을 기다리듯 즐거운 마음이 부풀어 오르게 해야 한다.

아버지와 어머니는 아이들에게 아름다운 옷과 멋있는 모자, 반짝일 정도로 닦은 책상과 책을 준비해 주고 아이들에게 "이것들은 네가 학교에 갈 때 입고 쓸 거야." 하며 가끔 보여 주기도 한다. 하지만 이러한 것들은 적합한 때가 올 때까지는 주지 말아야 한다. 학교에 가고 싶은 마음이 증대되도록 하라. 동시에 "사랑하는 ○○야, 네가 학교에 갈 수 있는 그때가 빨리 올 수 있도록 열심히 기도하거라. 그리고 경건하고 순종하는 아이가 되어라."라고 이야기해 주자.

또한 아이들에게 위대한 사람, 공무원, 의사, 하나님의 말씀을 전하는 목사, 유명인사, 현명하고 지혜로운 사람들과 같이 모든 사람들에게 존경을 받는 훌륭한 사람들은 학교에 가서 배웠기 때문이라고 이야기해 주는 것도 좋다. 마찬가지로 '집에서 게으름을 피우거나 거리를 돌아다니거나 어떤 천박한 행동들을 배우는 것보다도 학교에 들어가는 것이 더 좋다.' (이러한 점에 대해 코메니우스는 체코와 독일어 판에서 "그러므로 거위를 돌보거나 암돼지를 보거나 쟁기를 밀거나 또는 달리거나, 그리고 열등하고 무지한 시골뜨기가 되게 하는 것보다는 학교에 가게 하는 것이 더 낫다."라고 했다.)

배우는 것은 일이 아니고 책과 펜을 가지고 하는 꿀보다 더 달콤한 즐거운 오락임을 이야기하라. 그리고 이러한 즐거움은 아이들이 분필을 가지고 미리 느껴 보게 하라. 아이들이 석(칠)판이나 종이 위에 집 모양, 정사각형, 원형, 작은 별, 발, 나무를 그릴지도 모른다. 이것들을 비슷하게 그렸는지 아닌지는 중요하지 않다. 이러한 것들이 아이들의 마음에 기쁨을 주며 또한 아이들이 글자를 쉽게 배우는 데 도움을 주면 된다. 그것들을 구분할 수 있도록 하는 데도 도움을 준다. 그 밖에 학교를 사랑하는 것도 빠뜨리지 않는다.

부모들은 또한 자신의 아이들이 선생님을 신뢰하고 사랑하는 마음을 갖도록 노력해야 한다. 이것은 다양한 방법으로 될 수 있다. 예를 들면, 때때로 선생님이 호감을 주는 사람임을 언급하고 그를 아버지의 친구, 어머니의 친구 또는 좋은 이웃이라고 말하며, 일반적으로 그의 배움과 지혜와 친절과 선행을 칭찬하라.

그는 구별된 사람이고 많은 것을 알고 있음을 말하라. 그리고 어린아이들에게 친절하고 그들을 사랑하는 분임을 이야기하라. 게다가 비록 그 선생님이 어떤 사람을 벌한 것이 사실일지라도 그 사람은 모든 사람에 의해 처벌받을 만큼 악하고 순종치 않은 사람이었다. 그는 순종하는 아이를 절대로 때리지 않는다. 선생님은 아이들에게 모든 것을 어떻게 쓰고, 진심으로 어떻게 말하는지 등등……많은 것을 알려 준다고 말해 준다. 어린아이들이 이해할 수 있도록 아이들과 대화하라. 그러면 부모들은 학교에 가는 것 때문에 아이가 느끼는 공포심을 제거할 수 있다.

아이들이 미래의 선생님에 대해서 어떤 지식을 얻게 하고, 그가 유능한 사람임을 알게 하기 위하여 때때로 아버지나 어머니는 아이를 혼자 또는 관리인과 함께 교장선생님(교사)에게 작은 선물을 드리도록 한다.

만약 선생님이 자신의 임무를 잘 알고 있다면 그 선생님은 아이에게 친근히 말하고 아이가 보지 못했던 책이나 그림, 음악, 수학교구 또는 아이의 마음을 살 수 있는 모든 것들을 보여 줄 것이다. 때때로 선생님은 작은 석판, 잉크통, 동전 하나, 설탕 조각, 약간의 과일 같은 것을 선물로 줄 것이다. 그러나 이것은 선생님이 비용을 댈것이 아니라 실제 그런 일을 계획한 부모들이 선생님에게 미리 비용을 드리거나 선물로 보내야 한다.

그러한 준비를 통해서 아이들은 쉽게 학교와 선생님을 사랑하게되고 즐거움으로 기다리게 된다. 특히 아이가 기질이 좋다면 효과가 있다.

시작이 좋으면 이미 반은 된 것이다. 왜냐하면 학교가 즐거운 곳이 될 때 아이들은 즐거움을 가지고 배우기 때문이다.

그러나 "하나님으로부터 모든 지혜가 나온다……."라는 말씀처

코메니우스의 유아학교

럼 학교를 위한 준비에서 부모들은 필수적으로 그들의 아이들이 하나님에 대한 경외를 새롭게 하여야 할 것이다. 경건하게 하나님의 축복이 아이들의 학교 위에 있기를 구하라. 그리고 하나님을 기쁘시게 하고 그의 영광을 나타내는 도구가 되어 하나님이 사람을 만들어 주시기를 기도하라.

한나는 기도함으로 인해 엘리에게 그녀의 아들 사무엘을 인도하였다. 또한 다윗은 선지자 나단에게 솔로몬을 인도하였다. 또한 보헤미아의 순교자 존 후스(John Hus)의 어머니는 처음 학교에 그를 데려갈 때, 아이와 함께 여러 번 무릎을 꿇고 기도하였다. 하나님이 이러한 기도를 들으시고 축복하셨다는 사실을 모든 크리스천들은 안다. 왜냐하면 하나님께서는 그분에게 전심을 다해 기도와 눈물로 헌신하는 사람을 내치시지 않기 때문이다. 헌신한 만큼 그분은 나아가게 하시기 때문이다. 처음은 태내에서 바치고 그다음은 자녀가 출생한 후 바쳤는데 세 번째 바치는 자녀를 안 받으실까? 하나님이 거룩한 제물을 받지 않는다는 것은 불가능하다. 이를 위해 부모들은 다음의 기도를 할 필요가 있다.

전능하신 하나님, 우리의 영과 모든 육체를 창조하신 창조의 하나님, 그리고 하늘과 땅 위의 모든 어린이의 아버님이신 하나님. 모든 천사들과 사람들을 다스리시는 최고의 통치자, 영원한 미덕으로서 모든 창조물들을 다스리시는 주님은 땅과 가축과 모든 사람들과 모든 최초의 열매들을 주님께로 돌리시도록 정하셨으며 또한 주님의 뜻을 따라서 다른 희생을 통해 구속하셨습니다.

I. 유아학교

보십시오. 나는 당신의 무익한 종입니다. 당신의 축복으로 인해 태의 열매를 받았습니다. 창조자, 아버지 그리고 가장 자비하신 주님께 겸손한 마음으로 아기를 바칩니다. 나의 하나님이 되어 주옵시고 영원토록 나의 아이들의 하나님이 되어 주옵소서.

자비하신 하나님, 아이들이 주님의 구별된 가운데 있도록 이 같은 축복을 확실히 해 주시고 허락하여 주옵소서. 그리고 지금 저는 아이를 더 풍부한 지식을 얻게 하기 위하여 아이들을 가르치는 분에게 넘겨주려고 합니다. 주님의 축복이 더하시기를 기도합니다. 내적인 안내로 가르치소서. 거룩한 성령으로 그가 더욱더 당신을 기쁘게 하는 것을 배우고 당신의 계명 안에 사는 것을 배우게 하소서.

또한 오, 주여, 지혜의 근본이신 당신을 경외하게 하소서. 경외심으로 그들의 마음을 채우시고 지식의 밝은 빛으로 그를 비추소서. 그래서 주께서 만약 그가 하나님을 경외하는 것과 이웃의 유익을 위하고 그리고 자신을 축복되게 하며 성장하도록 허락하신다면 이 같은 경외하는 마음을 그의 마음에 채우소서.

나의 기도를 들어 주소서. 사랑이 가장 많으신 아버지여. 우리의 옹호자요 중재자이신 예수 그리스도를 위하여 우리의 기도를 들어 주옵소서. 어린이들을 받으시고 주님의 팔로 그들을 안으시고 그들에게 입맞추시고 축복해 주옵소서.

그다음에 주기도문을 하라.
유일하신 하나님을 찬양하며 영광을 돌리라.

―끝―

코메니우스의 유아학교

1   Psalm 127:3-4.

2   Mark 10:16 and Matt. 18:5-6.

3   Mark 10:14.

4   Jonah 4:11.

5   Rev. 14:4.

6   Psalm 8:2.

7   Matt. 18:10.

8   Jonah 4:11.

9   Luke 12:15

10   Matt. 18:3.

11   Deuteronomy 6:7.

12   This chapter is a summary of methods of moulding and educating children, which Comenius covers in detail in subsequent chapters. The editor has inserted "health" at this point to accord with Comenius' later discussion.

13   Note that in treating these four main elements of education in the "School of the Mother" through the following detailed chapters, Comenius does not follow the above order. Just as he places Piety first in the general summary of this chapter, so does he leave it to the end for detailed treatment. This choice of positions was probably deliberate, for his whole life, the long years of weary exile and wandering, instilled in him the conviction that this trait is the alpha and omega of existence.

14   I.e., a thief.

15   Some of Comenius' advice may seem faulty and some contradictory. But little will if we consider it as a whole. He emphasizes here that the child's days should be filled with delight so that it may grow unwarped

and blossom to all its possibilities in the warm sun of happiness. Yet he does not intend to say that a child's every whim should be granted. As other chapters make clear, the child must be guided, but while not relaxing the reins the parent has the ceaseless duty to surround this training with the joys of the heart that are "the very lifespring of man."

16　From Proverbs 4:3 et seq. Comenius quotes verse 3 and then selects thoughts from several following verses of this great chapter on wisdom that "is thy life."

17　Proverbs 3:15-18. Here Comenius quotes directly, varying little from the King James version given above. He ends verse 15 with these words, "and they who possess her are blessed."

18　Comenius here refers to Proverbs 22:6.

19　In the German rendering, Comenius at this point cites an example of the child being allowed to pronounce "l" for the more difficult "r", so that he persistently transposes "herr" into "hell."

20　In the German version Comenius quotes at length as especially desirable "the lovely cradle song of the blessed Mathesius." It begins:

> Go to sleep my dearest baby,
>
> Let those little eyelids meet.
>
> God above will be your father:
>
> So sleep in peace; sleep, my sweet.

21　Proverbs 22:15.

22　Proverbs 29:15.

23　Proverbs 12:22.

II

코메니우스의 생애와 업적

1
세계의 미로

어떤 문제로 내 삶을 채워야 하는가

　1614년 봄, 스물두 살의 청년이 하이델베르크와 프라하를 잇는 신성로마제국의 먼지 자욱한 길을 걷고 있었다. 그의 갸름한 얼굴은 꿈을 꾸는 모습이었으며 그의 눈은 불타오르고 있었다. 문제로 가득 차 있는 미로 같은 세계가 끝나 버리기 전에 그 누구도 꿈꾸지 못했던 일을 그가 실현할 수 있음을 보여 주려는 것 같았다.

　사실상, 요한 아모스 코메니우스(John Amos Comenius)가 훌륭한 대학교에서 정규교육을 마치고 집으로 터덜터덜 걸어올 때, 그와 같이 가던 여행자는 그의 미래에 일어날 징후를 보았는지도 모른다—그의 인생에 쓰일 비극적이고 엄청난 사건들의 징조를.

　도보로 하는 긴 여행 동안 코메니우스는 생각할 시간이 많았다—그만의 문제에 대한 생각, 그리고 그의 가슴속 깊이 있는 세계 문제에 대한 생각들을 그는 옆에 벗이 있었다면 말했을지도 모른다. "삶은 영원을 위해 준비해야 하는 것이다. 만약 이것을 찾지 않는다면, 당신은 모든 삶을 잃어버리는 것과 같다."와 같은 코메니우스의 철학은 그가 겪었던 경험을 하지 않은 사람은 절대로 생각할 수 없는 내용들이었다.[1]

20세기 후반에 살고 있는 우리들처럼, 코메니우스도 대 변동의 시간을 살아가고 있었다. 그가 보기에 시대는 붕괴되고 있었다. 그가 가장 아끼는 것들은 '세상의 폭풍' 속에서 사라질 것이었다. 그는 벌써 극심한 고통을 겪었다. 현대인들이 1차 세계대전이 일어났을 때, 실제로 일어난 사태보다 재앙을 심각하게 느꼈던 것처럼, 그가 겪게 될 고난은 그가 여행에서 상상했던 것보다 더 나쁜 것이었다. 그 고통은 원자탄의 시대에 3차 세계대전이 일어날 경우의 고통보다 더 고통스러운 것이었다.

암울한 시대의 징조는 코메니우스의 마음을 어둡게 했지만, 여행의 절기는 봄이었고 그는 젊었다. 꿈과 젊음의 높은 이상은 미래의 베일과는 달리 금색의 나비들과 같이 날개를 달고, 길을 걸어가는 젊은이에게, 신이 주는 은총과도 같이 미지의 세계를 약속했다. 이미 다른 많은 사람들을 파괴한 운명이 분명히 코메니우스에게도 닥쳤다.

그는 1592년 3월 28일,[2] 모라비아(Moravia)의 니브니스(Nivnice)에서, 그리 가난하지도 부유하지도 않은 행복한 가정에서 태어났다. 그의 가족은 '형제교단(Unitas Fratium)'이라는 좀 특이하고 기적적인 역사를 가진 교파에 속해 있었다. 사실, 그가 개인적으로 겪은 삶의 고난은 그의 교회의 고난을 상징하는 것이기도 했다―둘 다 피할 수 없었다.

코메니우스의 유아학교

옛적부터, 깊은 신앙을 가진 사람들이 지금은 체코슬로바키아*
로 알려진 산으로 둘러싸인 지역에서 악한 사람들의 학대를 받으
며 살고 있었다. 초대 형제교단의 전설적 인물들은 전쟁이 아닌 평
화를 노래하면서, 천주교에서 개신교로 이른 시기에 개종하였다.
몇 세대에 걸친 전쟁과 암울함을 겪으면서도 형제교단 사람들은
순교자 존 후스(John Hus)에게서 물려받은 홍수의 물결과도 같은
온화한 믿음의 의미를 간직했다. 1415년, 후스는 콘스탄스의 회의
로 화형에 처해졌고, 그의 불타는 육체의 심지는 종교개혁의 횃불
이 되었다.

이 그리스도와 같은 후스의 추종자들과 그들을 따르는 후손들은
오늘날 미국에서 되살아나 형제교단을 재건했다.[3] 탄압받는 가운
데 그들은 예수가 가르친 삶을 살고자 평화를 추구하는 교회를 설
립했다. 그들은 신학, 교리, 형식을 버리고, 그리스도의 가르침대
로 성경에 충실하고자 했다. 그들은 훗날 코메니우스가 그의 제자
들에게 했던 "이론과 행동이 분리되지 않도록 하라. 네가 아는 모
든 좋은 일은 실행에 옮겨라."[4]라는 조언대로 살았다. 시간이 흐
름에 따라 그들이 보헤미아와 모라비아 지역에 큰 세력을 떨치게
되었을 때, 그들은 그 땅을 빛의 섬으로 만들었으며, 루터(Martin
Luther)가 독일에서 종교개혁의 길을 닦을 때 큰 도움이 되었다.

갖은 박해로 교회는 많은 순교자를 배출했다. 순교자들은 "나는
하나님이 나로 하여금 깨닫게 한 진리를 지키려는 마음으로 머리

---

* 1997년부터 체코슬로바키아는 체코와 슬로바키아로 나뉘었음.

II. 코메니우스의 생애와 업적

숙여 기도합니다. 죽음이 닥친다 해도 진리는 변함없고 영원히 위대하다는 것을 알기에……"라고 말한 후스의 위대한 신앙을 따라 유죄판결을 받았다.[5]

박해가 심해질수록 교회는 한층 강하게 단결했다. 코메니우스의 유년기에 형제교단은 황금시대를 맞이했다. 교인들의 성실함과 친절, 진리에 대한 헌신은 그 당시 체코슬로바키아 인구의 90%를 신교도로 만들었다. 그것은 마치 종교박해가 결국은 끝나고 황금 같은 미래가 약속되는 것과도 같았다. 그러나 이것은 폭풍 전의 고요일 뿐이었다.

코메니우스는 22세까지 비교적 평화로운 시대를 살았지만, 그 시기가 그에게 평화로운 것만은 아니었다. 20년 동안 그는 행복한 가정에서 자연과 더불어 유년기를 즐겁게 보냈다. 그와 네 자매들은 정원의 꽃처럼 곱게 자랐다. 그런데 경고도 없이 첫 번째 고난이 그의 인생을 거대한 폭풍에 흔들리는 배처럼 흔들었다.

코메니우스를 잔인하게 따라다니는 바람의 연속은 폭력을 동반한 적은 없었지만, 갑작스러운 운명의 장난으로 인간의 삶이 괴롭혀지듯 그의 세계는 산산조각 나버렸다. 한때 그는 행복한 가정에서 살았지만, 그의 부모와 두 여동생이 전염병으로 죽었다. 부모와 가족을 잃은 후 오랫동안 그는 어린 시절 누렸던 안정된 삶을 갖지 못했다.

그 이후, 코메니우스는 숙모와 4년을 살았다. 사춘기 동안 다녔던 학교교육은 그를 '현대교육의 아버지'로 되게 하는 조건과는 아주 멀었다. 그의 학교생활은 불행했다. 후에 코메니우스는 그 당시

코메니우스의 유아학교

의 학교를 일컬어 '소년들을 공포로 모는 곳, 마음의 도살장'[6]이라고 했다. 그러나 이러한 쓴 과거의 기억들은 그를 비탄에 잠기게 하는 대신, 후에 젊은이들을 행복하게 느끼게 하고, 학교를 좀 더 생산적인 곳이 되도록 교육을 개혁하는 촉진제가 되었다.

16세에 코메니우스는 프리로브(Prerov)에 있는 형제교단 학교에 입학했다. 진리를 추구하는 방편으로 형제교단의 교회는 교육을 강조하였다. 서서히 소멸해 가는 과정에서도 그들은 계속 교육을 강조하였다가 긴 어둠의 터널을 지나 18세기에 이르러 개신교 선교 리더로서 기적적인 부활을 하게 되었다. 형제교단이 존재하는 동안 그들은 교회와 함께 학교를 세우는 역사를 갖고 있다. 예를 들어, 미국 노스캐롤라이나주의 윈스턴−세일럼(Winston-Salem)에 있는 세일럼 대학(Salem College)은 세일럼 광장(Salem Square)의 교회 가까이 있는 남부 최고(最古)의 여성을 위한 고등교육기관이었고, 펜실베이니아의 베들레헴(Bethlehem)에 있는 자매학교 역시, 북부에서 가장 오래된 교육기관이었다.

코메니우스 시대의 사람들은 그들의 학교를 잘 알고 있었다. 그리고 한 세기가 된 프리로브의 학교는 유명한 곳 중 하나였다. 코메니우스는 그의 부모가 돌아가시고 난 후부터 프리로브에 들어가기까지의 4년을 항상 아까워했다. 일단 학교에 들어가자, 그는 재빨리 따라잡기 시작했다. 거기서 그는 교사가 학생들에게 줄 수 있는 가장 큰 선물인 '영감'을 받았다. 이 불길이 없었다면, 가장 교육적이고 진보적인 그의 교수법이 불모의 땅에 떨어져 열매 맺지 못했을 것이 분명했다. 편집자는 교사와 학생 양편에서 경험해 보아서 이를 잘 안다. 프리로브는 후에 교회의 주교가 된 존 라네시우스 (John Lanecius)의 관할 아래 있었다. 라네시우스 교장은 코메니우스의 유능함을 알아보고, 그에게 큰 영향을 끼친 것이 분명했다. 교장의 지도 아래 코메니우스는 뛰어난 학생이 되었다. 그는 코메니우스의 끊임없는 학구열을 인정하여 '아모스(Amos, 지식을 사랑하는 자)' 라는 중간 이름을 주었다. 인생의 여정에서 자기에게 주어진 임무만을 조용히 한 이 위대한 스승은 세계를 떠들썩하게 했던 사람은 분명히 아니었지만 교사가 얻을 수 있는 가장 고귀한 만족을 얻었을 것이었다. 그는 코메니우스에게 영감을 주고, 또 교육하여 세상에 내보냄으로써 3세기가 지난 현대에도 우리가 그의 교수법을 배우게 했으며 지금까지도 측량할 수 없을 정도의 영향력을 주고 있다.

코메니우스는 그의 책『세계의 미로(The Labyrinth of the World)』에서 "인간을 이해하는 데 좋고 나쁨이 나타나기 시작하는 나이가 되었을 때, 어떤 사람들과 어울려야 할 것인지, 그리고 어떤 문제로 내 삶을 채워야 할지 생각하는 것이 가장 필요하다는 것을 알았다."라고 썼다. 코메니우스가 '어떤 문제로 삶을 채워야 하는가?'에 대해 고민하며 성직자가 되기 위해 공부할 것과 교육에 대해 깊은 관심을 갖겠다고 결정하는 데는 존 라네시우스의 영향이 지대했음이 분명하다.

프리로브에서 3년을 보낸 후, 코메니우스는 독일에서 고등교육과 교리 공부를 하기 위해, 헤르본(Herboin)에서 공부를 시작하였고 하이델베르크(Heidelberg)에서 학업을 마쳤다. 헤르본에서 열심히 공부하던 중, 코메니우스는 체코어-라틴어 사전을 집필할 시간을 갖게 되었다. 그는 이미 1인 다역을 할 만큼 열의를 가지고 있었다. 그는 후에 그가 학생들에게 충고한 것과 같이 살았다. "우리는 무언가를 하기 위해 태어났다. 그러므로 활동적인 삶이야말로 진정한 삶이다. 게으름은 살아 있는 자의 무덤이다."[8]

그는 생전에 노력한 만큼 결실을 보지 못했음에도 불구하고, 그의 철학대로 살았다. 그가 소중히 여겼던 많은 것들은 뼈대만 남기고 불타버린 건물처럼 소멸했다. 사실, 헤르본에서 시작하여 그의 생애 50여 년간 혼신의 힘으로 집필한 사전도 절대로 출판될 수 없는 운명이어서 그에게 슬픔만을 가져다 주고 말 것 같이 보였다.

독일의 다른 교육자들, 요한 피셔(Johann Fiscer), 요한 알스테드(Johann Alsted), 데이비드 파레우스(David Pareus) 모두 코메니우스의 철학과 삶에 많은 영향을 주었다. 그들은 그가 '어둠의 절벽'에서 이겨낼 수 있는 힘을 주었고, 교육을 포함한 성경이야말로 인간 문제를 해결할 마지막 절대 권위라는 그의 강한 믿음을 굳히는 데 도움이 되었다. 코메니우스는 모든 것을 성경으로 증명하려고 했다. 그는 신앙으로 살았고 신앙으로 글을 쓰는 성직자였다. 그가 전도하던 책들은 지식의 분수령이요, 그의 삶의 원천이었다.

코메니우스보다 네 살 많았던 천재 알스테드는 특히 코메니우스가 총체적인 지식의 바다에 관심을 가지는 데 강한 영향을 주었다. 알스테드 자신은 그 당시 최고 수준을 자랑하던 백과사전을 출판한 바 있었다. 그는 아마 코메니우스가 초기부터 가졌던 "모든 지식을 모든 사람들에게 가르치리라."는 생각으로 시작한 사전편찬

II. 코메니우스의 생애와 업적

기획에 큰 영향을 주었을 것이다.

하이델베르크의 유명한 학자이자 신학자이며 독일의 칼뱅주의 지도자였던 파레우스는 그 시대에 기독교의 단결을 외친 첫 번째 사람이었다. 그의 영향으로 코메니우스 역시 같은 목적을 가지고 평생 동안 열심히 그 목적을 추구하며 살았다.

아, 내가 더 달성할 수 있다면

1614년 봄, 정규학교교육을 마친 진지하고 성실한 청년이 가족도 없는 고향으로 돌아왔다. 건강과 경제적 문제로 독일에서 고향으로 돌아가는 길, 코메니우스는 큰 목적을 가지고 걷고 있었다. 그는 벌써 그의 삶을 난파시킬 수도 있었던 큰 폭풍을 겪었다. 그는 더 나은 길이 펼쳐질지, 폭풍이 올지도 모른 채, 용감히 전진할 준비가 되어 있었다. 위험을 정확히 예견할 수는 없었지만, 그는 벌써 그를 위해서, 세상을 위해서, 혼란에 대비해서 갑옷을 준비했다. 무엇이 그 갑옷이었던가? 오늘날 우리도 그 갑옷을 입을 수 있을까? 아니면 욥처럼 고난을 받아들여야 하는가?

코메니우스는 그 갑옷으로 첫째는 하나님을 위해, 그 다음으로는 인간을 위해 싸웠다. 박해, 유배 그리고 절망을 겪으며 그는 항상 사람들을 희망의 고지로 인도했다. 그는 그들의 정신, 희망, 육체를 부양하기 위해 외국을 다니며 엄청난 일을 했고 그곳에서 받은 대가는 고향을 떠나 어렵게 사는 형제교단 교인들을 위해 썼다.

자기 민족을 위해 쉼 없이 일하는 한편, 코메니우스는 동족의 문제를 초월해서 세상을 보았고, 세계를 위해서 봉사했다. 고난을 막기 위한 갑옷은 바로 교육이었다. 만약 젊은이들을 적절하게 교육시킨다면, 세상은 변할 수도 있다. 이미 코메니우스는 교육이야말로 인간을 형성하므로, 교육개혁으로 사람을 바꾸고 구원할 수 있다는 그의 철학을 구체화하기 시작했다. 그는 끊임없이 이런저런 방법으로 헌신적으로 일할 의지를 보였다. 한번은 그가 말했다. "오, 더 많이 성취할 수 있었으면 얼마나 좋을까! 그렇지 않으면 열망이 덜 일어나든지!"[9] 그러나 그가 동경한 것은 "더 많이"였다. 그는 절대로 열망을 적게 갖는 것으로 만족할 사람이 아니었다.

코메니우스의 또 다른 갑옷은 신앙심이었다. 그가 교육 이외의 분야에서 행했던 모든 일들은 첫째로는 하나님과 교회, 그의 성직과 관련된 것이었다. 그는 언제나 교육으로 거두는 위대한 성과는 사람으로 하여금 하나님의 진리와 가르침에 더욱더 잘 응답할 수 있게 하고 하나님에게로 향하게 하는 보완책일 뿐이라고 보았다. 그는 성직자로서 자신을 바쳤고, 이 신성한 부름에 죽는 날까지 온 힘을 다해 순종했다. 그의 가르침, 개혁, 교육에 미친 혁명적인 업적, 엄청난 활동, 기독교 통합을 위한 노력, 이 모든 것은 그가 선택한 궁극적 소명인 인간의 구원을 성사시키기 위해 한 것이었다. 코메니우스의 영향을 역사적으로 평가할 때, 아무리 교육계에서의 업적이 엄청난 것이라 해도 우리는 인간을 구원하려던 이 첫 번째 업적을 더 먼저 생각해야 한다.

II. 코메니우스의 생애와 업적

2
분노의 폭풍

어두워지는 하늘

코메니우스가 고향에 도착했을 때 그는 바로 일을 시작했다. 그는 프리로브로 돌아가 은사였던 교장을 도와 학생들을 가르쳤다. 가르치는 일은 그가 나중에 (풀넥에서) 교장이 될 때까지 계속되었다. 당시에는 아주 작은 일이었지만, 이때 그가 한 일은 교육자로서, 교육개혁가로서 그를 세계적으로 유명하게 만들었다. 운명의 베틀이 인생의 천 조각에 독특한 무늬를 짜기 시작했다. (우리의 짧은 소견으로 보기엔) 우연처럼 보이는 일이 장래 우리 모두를 위한 무대 설치였다. 코메니우스가 성직자로 바로 입문했다면, 그는 초기의 관심에도 불구하고, 교육의 길에 들어서지 않았을지도 모른다. 그가 교육 병폐의 원인을 분명히 이해하고 있었고 그 치료책을 강구하려는 마음을 가졌다 해도 교사로서의 경험이 부족했다면 아무것도 할 수 없었을지도 모른다.

프리로브에 있는 동안, 코메니우스는 첫 번째 교과서로 작은 라틴 문법책을 집필하여 출판했다. 그는 또한 오늘날 일부만 남아 있는 『모든 것의 극장(A Theatre of All Things)』이라는 사전을 이때부터 쓰기 시작했다.

1616년(셰익스피어와 세르반테스가 죽은 해) 형제교단은 모라비아의 헝가리 쪽 국경인 제라비스(Zeravice)에서 종교 회의를 열었다. 그 회의에서 결정된 두 가지 사항은 마치 교회성직자들이 거대한 어둠의 세력을 미리 경계하고 준비해 왔던 것처럼 기념비적이다. 첫째, 관습·규제·집회·공포된 교회의 규율을 수록한 『Ratio Disciplines』를 출판한 것이다. 이 책의 목적은 그 당시 사람은 물론 후세가 "서로 사랑하되 개개인이 규율을 책임있게 지키게하여 결속을 다지는 것"이었다.[10] 이것은 오랜 세월 동안의 유배와 거의 소멸될 뻔한 날들을 겪으며 계속 지켜진 내용이었다. 100년이 훨씬 더 넘어서, 교회가 기적적으로 회생하기까지 이것은 규범이 되었다.

둘째, 다른 젊은이들과 함께 요한 아모스 코메니우스를 성직자로 정식 임명한 것이었다. 이 결정은 그 당시 그렇게 중요해 보이지 않았음이 분명하다. 그 당시에는 아무도 이 사실이 그들의 교회와 세계에 어떤 영향을 미칠지 알지 못했다.

코메니우스는 프리로브에 계속 살면서, 풀넥(Fulnek)의 성직자가 되었고, 교회학교의 교장이 되었다. 그는 프리로브를 떠나기 전에 결혼하여 조용하고 행복하게 살면서, 성직자의 일로, 학교와 책 편찬의 일과, 곧 세 명이 될 가족과 함께 바쁘게 살아갔다. 그와 대부분의 보헤미아인들에게 이런 방식의 삶은 공평해 보였다. 그들은 서서히 다가오는 공포를 읽을 수 없었다.

코메니우스의 유아학교

사실, 그들이 낙관적일 수밖에 없었던 이유가 있었다. 1609년, 신성로마제국의 왕 루돌프(Rudolph)가 보헤미아에게 왕립종교자유헌장(Royal Charter of Religious Freedom)에 서명할 것을 요구했기 때문이었다. 처음으로 형제교단과 같은 개신교도들은 그들의 신앙에 대해 법적인 보호를 받는 것으로 생각하고 안전함을 느꼈다. 10%의 백성만이 가톨릭이어서, 미래는 밝아 보였다. 그러나 왕은 가톨릭 신자였고 신하들 역시 가톨릭이었다. 예수회는 반개혁 세력에 앞장섰고 페르디난드 2세(Ferdinand II)가 즉위하자, 그는 이 땅에서 신교도들의 뿌리를 뽑겠다고 맹세했다.

기독교파에 따른 종교관의 차이는 깊고 넓었다. 끔찍한 종교재판이 스페인을 비롯한 세계의 많은 나라를 위축시켰다. 코메니우스가 태어나기 4년 전 영국이 스페인 함대를 무찔러서 멈칫하긴 했지만 당시 유럽 강대국이었던 스페인으로 인해 유럽의 각국은 위축되었다. 프랑스는 가톨릭과 위그노의 대립으로 파괴되었다. 독일 또한 가톨릭과 신교도의 대립을 겪고 있었다. 종교 자유를 보장한다는 영국에서조차, 사람들은 종교로 인해 죽임을 당하고, 또 기꺼이 죽었다. 1618년, 코메니우스가 중유럽의 아름다운 마을에서 종교집회를 열고 있을 때, 홀랜드에서 오랫동안 머물던 청교도들은 신세계인 버지니아의 제임스타운으로 이주할 것을 계획하고 있었다. 영국 성공회 당국자들이 내린 종교의 자유를 거부하고 청교도들이 그들의 뒤를 따랐다. 홀랜드 자체도 80년간의 스페인 통치에서 벗어나려는 국민들의 담대함이 언제 다시 전쟁으로 터질지 모르는 상황이었지만 고요를 즐기고 있었다. 보헤미아인들이 그랬

II. 코메니우스의 생애와 업적

던 것처럼, 홀랜드인들도 마음속에서 사라지지 않는 자유 의지를 격려하고 강하게 해 주는 바다가 없었다면 아마도 스페인에게 압도당했을지도 모른다.

보헤미아의 개혁은 200년 동안 진행되었다. 이들에 앞서 루터의 종교개혁은 한 세기 동안 불처럼 번졌다. 후스와 같은 사람들이 진리를 위해 순교하도록 만든 가톨릭교의 폐단은 가톨릭 교회 자체 내의 헌신적인 사람들에 의해 시정되고 있었다. 그러나 사람들은 신앙의 불일치, 왕가 간의 경쟁, 종교의 힘과 국가의 힘을 합치려는 많은 사람들의 야망 때문에 악마의 근성을 드러내고 있었다.

음지가 있으면 양지가 있듯이, 좋은 일이 있으면 나쁜 일도 있다. 동구유럽의 터키족은 이 당시 유럽의 심장부에 가하던 길고도 강한 압력을 완화시켰다. 부분적으로는 대주교들의 지도 아래 터키 동부 국경지역의 페르시아 왕국의 대개혁 때문이었다. 이슬람 국가와의 전쟁에서 편안해지자 어두운 면이 나타났다. 이 공동의 위험이 사라지자, 기독교계가 영혼을 분노의 전쟁으로 내몰았다.

폭풍

소수이지만 지배계급이었던 가톨릭 교도들이 보헤미아에서 개신교 교회를 폐쇄하고 파괴하면서, 새로운 박해를 시작했다. 위험에 맞서서 형제교단을 포함한 개신교도 지도자들은 저항했다. 그

코메니우스의 유아학교

들은 합스부르크의 지배자를 퇴위시키고 개신교도를 후계자로 임명했다. 그들의 세력은 비엔나의 경계까지 진군해서 유럽의 화약고에 불을 붙였다.

종교박해에 대항한 저항은 전쟁 역사상 가장 잔인한 30년 전쟁을 일으켰다. 유럽의 가톨릭교도들과 개신교도들 간의 분쟁은 파멸과 죽음, 그리고 가장 암울하고 끔찍한 시대를 도래케 했다. 이 전쟁은 기간, 장소, 도화선이 끊임없이 바뀌면서, 황량함의 극치를 이루는 독특한 전쟁이었고 또한 완전한 재난이었다. 이러한 시대에 보헤미아는 세계적인 파괴력의 본보기 전쟁터였다.

이 '분노의 폭풍'으로 코메니우스가 살던 평화로운 세계는 솟아오른 파도의 거품처럼 사라졌다. 짧은 삶에서 그는 두 번째로 그가 소유하고 있던, 그리고 가장 사랑하고 아꼈던 모든 것을 잃었다.

1620년 말, 보헤미아에서 '낙엽의 계절'이라 불리는 11월에 화이트 마운틴(White Mountain)에서 전투가 있었는데 가톨릭 신봉 제국인 스페인에서 징집된 페르디난드 병사들이 이곳까지 와서 싸웠다. 이제 개신교도들을 뿌리 뽑는 일은 엄청난 속도로 진행되고 있었다. 공개적인 예로, 주요 개신교 지도자들은 처형당했고, 어떤 이들은 잔인한 고문을 받았다. 스페인 군대가 풀넥을 침략했다. 코메니우스도 재난의 물결에 휘말렸다. 그는 잠시 동안이나마 살았던 집을 빼앗겼다. 그는 학교도, 교회도, 일도 잃어버렸다. 그는 그의 도서관과 필사본 『내 마음속의 아이들(The Children of His Mind)』을 잃었다. 그는 가족을 잃었다. 아내와 아이들은 처가가 있는 프리로브로 피난했고, 그는 숨을 곳을 찾아다녔다. 곧 그의 아내

II. 코메니우스의 생애와 업적

는 새 아기를 낳았으나, 세 명 모두 전염병으로 목숨을 잃었다.

이 재난이 끝난 후 1년도 채 지나기 전에, 코메니우스는 『보헤미아 순례자의 길(Bohemian Pilgrim's Progress)』이라는 우화를 썼다. "나는 네 명의 동료와 걷고 있었다. 그들 외에 많은 사람들이 나에게 의존하고 있었다(그들의 말에 의하면, 섬김과 더 큰 명예를 위해서). 한숨과 신음으로 데리고 다닐 수 없을 정도였다. 그때 마침 천둥, 번개, 엄청난 우박을 동반한 폭풍이 몰아쳤다. 내가 그들과 함께 안전하게 있을 수 있는 피난처를 찾으려고 서두를 때, 죽음의 화살이 공포로 인해 굳어 있는 내 식구들을 쏘아 죽이고, 혼자 남겨져 무엇을 해야 할지 모르는 나를 덮쳤다. 나와 같이 있던 식구들은 모두 나에게 짐이 되지 않으려고 빨리 사라졌다. 나는 결혼에 대해 뭐라고 해야 할지 잘 모르겠다. 그것이 성공적일 때 더 많은 기쁨이 있을지(내 생각에는 나의 경우가 아닐까 한다), 또는 잘 모르지만 많은 이유로 더 많은 슬픔을 가져오는지. 내가 내린 한 가지 결론은 결혼생활을 하든 안 하든 간에 슬픔은 존재하고, 결혼의 가장 달콤함조차 쓴 것과 섞여 있다는 것이다."[11]

앞에서 말했듯이, 코메니우스의 개인적인 고난은 교회와 고향의 고난을 반영하는 것이었다. 스페인 제국 군대의 점령은 독립국가이자 문명화된 지도국 보헤미아의 존재를 종결지었다. 300년간 독립은 오지 않았고, 그러고 난 뒤 눈 깜짝할 사이에 공산국가의 독재정치가 절망의 철의 장막을 쳤다.

인구가 많던 보헤미아국의 존재는 이제 거의 끝나 버렸다. 페르디난드 2세는 복수심 가득 찬 광신도였다. 그는 40년 동안 스페인에서 개신교도를 처단하는 처참한 전쟁을 치른 그의 사촌 필립 2세의 성격을 많이 닮았었다. 페르디난드 2세는 그의 젊은 날 자신이 지배하는 모든 곳에서 개신교도들을 파멸시키겠다는 맹세를 스페인 군대와 함께 보헤미아에서 지켰다. 그는 최소의 인간성에 위배되는 가능한 모든 수단과 방법으로 개신교도들을 죽였다. 개신교 교회들과 개인 재산은 모두 몰수하였다. 지도자의 무덤은 파헤쳐지고, 그들의 뼈는 들판에 버려졌다. 출판물, 특히 형제교단의 것은 샅샅이 수색당해 불태워졌는데, 주로 그런 물건을 가지고 있던 가정집을 불태워서 없앴다. 오직 가톨릭교도만이 시민이었고, 결혼할 수 있었고, 사업할 수 있었고, 유언을 남길 수 있었고, 의료혜택을 받을 수 있었다. 미사 불참은 처벌 대상이었다. 의도적인 화폐절하는 깊은 경제 손실을 가져왔다. 의회는 해산되고, 군인들만이 나라를 누비며 약탈하고 불질렀다. 온 국가가 피의 벌판이 될 정도로 수많은 개신교도들이 구타당하고, 불타고, 갈갈이 찢겼다.

전쟁으로부터 완전히 자유로운 것은 아니었지만 어느 정도의 종교적 자유가 있는 홀랜드, 헝가리, 폴란드, 독일로 수천 명이 이주했다. 그러나 많은 사람들은 7년 동안이나 수배를 받는 존재로 살면서 코메니우스의 지도 아래 이 공포에 맞서며 계속 고향에 남아 있었다. 개인 신변의 위험에도 아랑곳하지 않고, 그는 박해받는 사람들에게 교리를 전하고, 이 공포가 사라질 날을 위해 일했다.

그러나 많은 시간이 흘러가도 위험은 사라지지 않았다. 자주 도피해야 하는 생활 때문에 코메니우스는 끊임없는 불안 속에서 살아야 했다. 그는 그의 고향에서 유배인이었다. 그리고 1627년, 마

Ⅱ. 코메니우스의 생애와 업적

지막 바람이 몰아쳤다. 모든 개신교도들에게 가톨릭으로의 개종을 명령하는 가혹한 칙령이 내렸고, 지도자는 추방당했다. 1628년의 봄이 끝나갈 무렵, 많은 보헤미아인들은 이웃 나라로 떠났다. 이런 날을 대비하여, 1625년 형제교단은 예전에 망명하여 살고 있던 후예들과 보헤미아의 망명자들이 당분간 같이 살 수 있는 방도를 의논하기 위해 코메니우스를 폴란드의 레즈노(Leszno)에 전령으로 보냈었다.

망명

　폴란드로 가는 거대한 산속의 길은 신앙을 바쳐 그들이 사랑했던 조국과 재산을 포기하고 떠나는 사람들의 행렬로 새카맣게 뒤덮였다. 그중에는 제로틴(Zerotin) 백작의 영지에서 맞이한 코메니우스의 두 번째 부인 도로시(Dorothy)도 있었다. 그 행렬의 끝에는 코메니우스를 비롯한 다른 지도자들이 노동하며, 기도하며, 희망을 주며 따르고 있었다. 이 헌신적인 사람들의 굳은 결의는 찬송가로, 한 세기가 지나서 신세대들이 보헤미아로 다시 교회를 재건하기 위해 돌아갈 때 힘을 주던 노래에 잘 나타나 있다.

　　내가 우렁차게 울부짖어야만 하는 날에 축복이 있으리.
　　내 나라와 친구, 집으로부터 멀리 떨어져, 유랑하는 불쌍한 우리들.

코메니우스의 유아학교

내 아버지 하나님께서 나의 길잡이가 되어 주실 것이고,

천사를 보내시어 나를 지켜 주시네.[12]

　많은 형제교단 교인들은 보헤미안－모라비아에 남아, 그들의 신앙을 비밀리에 지켜 나가려고 했다. 그러나 공포시대가 도래했다. 북에서 온 사자, 구스타비스 아돌프스(Gustavus Adolphus)가 틸리(Tilly)와 발렌스타인(Wallenstein)에 있는 황제의 군대를 치러 스웨덴으로부터 압승을 거두며 내려올 즈음, 페스트의 재앙이 돌았다. 승리의 중간에서 이 위대한 지도자와 보헤미아의 희망은 1632년 낙엽의 달에 루첸(Lutzen)에서 다시 완전히 좌절되었다.

　페르디난드 황제는 1637년에 사망했다. 그가 즉위할 때 인구 삼백만의 행복하고 풍족했던 보헤미아국은 그가 사망할 때쯤, 인구 팔십만이 살아남은 황량한 폐허가 되어 있었다.

　보헤미아국만이 고난을 겪은 것은 아니었다. 무지막지한 비정규 군대의 끔찍한 파괴행위는 독일에서도 예외가 아니었다. 이러한 일들로 유럽 전역은 황폐해 갔다. 중유럽과 서유럽은 엄청난 인구 손실을 겪었고, 인류가 노력하여 축적했던 부를 잃었다. 원자폭탄을 사용한 전쟁이라도 이만큼 나쁠 수는 없었다. 도시들은 사라졌다. 상업은 감소했다. 대학살 동안, 살아남은 자들에게는 빈곤과 문명의 퇴보만이 남아 있었다.

　어두운 밤 여러 사람이 말을 달리고 있었다. 그것은 마치 세계의 종말에 다다르는 것만 같았다. 많은 사람들의 가슴을 부수는 괴로움이 어떤 이에게는 절망으로 느껴졌지만 어떤 이에게는 위대함을

II. 코메니우스의 생애와 업적

불러일으키는 원동력이 되어 인간을 위해 믿을 수 없을 정도의 위대한 일을 하게 했다. 고난은 성장의 씨를 숨기고 있었다. 코메니우스도 그의 교회도 그들이 살아 있는 동안 결실을 보기 위해 살지 않았다. 미래를 위해 고난을 견디며 살았다.

3
현대교육의 아버지

만왕의 왕 주님을 받들어

인간사에는 비탄에 젖은 인물들이 많이 있다. 파우스트(Faust)와 같은 사람은 악마에게 영혼을 팔 뻔했다. 베네딕트 아놀드(Benedict Arnold) 같은 사람은 원한에 사무쳐 결국 어둠 속에서 삶을 마쳤다. 어떤 위대한 사람들은 심한 고난 중에 다시 일어나, 무서운 밤을 환한 횃불처럼 밝힌다. 이런 위대한 사람들 중에 코메니우스가 있었고, 그는 굳세게 사람들을 이끌었다.

그는 더 강해졌고 영감도 풍부해졌다. 시련이 그와 그의 동포들에게 커지면 커질수록 레즈노에서 그는 끊임없이 일했다. 그는 그의 동포들에게 성직자였다. 1632년, 그는 주교와 교회비서를 겸임하게 되었는데, 여러 나라에 분산되어 있는 교인들을 연결하는 중대한 책임을 지는 위치였다. 그는 학교의 교장까지 되었다. 그는 온 힘을 다해 이 모든 책임을 수행했고, 밤낮을 가리지 않고 집필하였다. 그 결과, 그가 쓴 책들은 역사상 가장 중요한 저서가 되었다.

그가 쓴 많은 것들은 교육에 관한 것이었다. 그의 목적은 교회를 살리고, 조국을 살리고, 유배지에서 돌아가 신의 헤아릴 수 없는 큰 뜻을 후세대에게 알리는 것이었다. 더 나아가 그는 교육을 통해 하나님이 처음 그의 모습을 본떠 만들었던 인간의 모습을 다시 갖게 하려 했다. 그렇게 하면, 인간은 다시 새로운 모습으로 개선되어, 자기파괴의 길로 들어간 이 세계를 구할 수 있을 것이라고 생각했다.

블라디미르 제리넥(Vladimir Jelinek)은 『코메니우스의 분석 교수학(The Analytical Didactic of Comenius)』 번역본의 서언에서 "그의 손이 닿으면, 작은 문제라도 언제나 중요한 쟁점의 연구가 된다. 코메니우스는 교육의 과업에 큰 미래를 걸었다. 그는 개혁자였을 뿐 아니라, 온 나라와 더 나아가 온 세상을 교육시키고자 한 선구자였다. 그는 인간을 재교육시켜 다가오는 황금시대에는 정신이 육체 위에 군림하고 질서가 혼돈 위에 서게 하고 싶어 했다. 그는 애국심을 가지고 그가 마지막 주교였던 교파에 대해 철저히 헌신했다. 그러나 그의 최종 관심은 국가적이지도, 종파적이지도 않은 참된 신앙심이었다. 그는 '…… 만왕의 왕 주님을 받들기 위하여'라고 말했다."[13]

아무도 코메니우스만큼 교육이 지닌 재생산의 힘을 굳게 믿지 않았다. 당시 아니 언제나 그렇지만, 많은 사람들의 좁은 생각과 달리 그는 모든 사람을 위한 교육을 추구했다. 코메니우스만큼 교수 방법을 합리적이고 실제적으로 이해한 사람은 아무도 없었으며, 자신이 이해한 것을 예시와 교과서로 만들어 현장에 적용하는 추진력을 가졌던 사람도 없었다. "교육학에서 코메니우스의 위치는

코메니우스의 유아학교

아주 중요하다. 그는 현대교육에 초등교육과 중등교육을 소개하고 부각시켰다. 그가 현대교육에 미친 영향은 코페르니쿠스나 뉴턴이 현대과학에 미친 영향이나 베이컨과 데카르트가 현대철학에 미친 영향에 버금간다."라고 니콜라스 머레이 버틀러(Nicholas Murray Butler)가 한 말에 누구나 동의할 것이다.[14]

키팅(M. W. Keatinge) 교수의 좋은 평가도 코메니우스를 이해하는 데 도움이 된다. "그가 교육학에서 논하지 않은 문제는 거의 없을 정도로 그는 많은 것을 다루었다. 교사들이 이 위대한 교육자가 현대에도 계속 던지고 있는 질문들에 대해 답한 것을 숙지한다면 새로운 자극을 받지 않을 수 없을 것이다."라고 말한 키팅 교수의 말은 코메니우스를 정말 훌륭하게 평가한 것이다.[15]

하나님 · 인간 · 진리의 구조

코메니우스가 걸었던 독일의 암울한 길은 이제 별처럼 빛났다. 그는 모든 사람을 양육하고 성장시킬 뿐 아니라 더 나아가 세계를 이롭게 하려는 진지한 마음으로 교육했다. 만약 책으로 사람을 교육하는 것이 영악한 악마를 만드는 것이라면 무슨 가치가 있겠는가? 우리는 육체와 의식과 정신이 조화된 전인으로 아이들을 교육해야 한다. 만약 이 일에 실패한다면, 우리는 모든 것에 실패하는 것이다.

가장 먼저 생각해야 하는 것은 영혼이다. 그다음은 불멸의 영혼이 거하
는 육체이다. 마음이 참되게 빛나도록 올바르게 교육하여야 하는 일에 대
해 생각하자.[16]

어떤 독자들은 코메니우스의 비유, 신학적 논리, 교육 최우선주
의를 증명하는 참고자료 때문에 그의 글을 이해하기 힘들 것이다.
20세기에 들어, 코메니우스의 이론을 찬성하는 많은 주장에 대해 3
세기 동안 발달한 과학지식에 비추어 무효하다는 비판이 많다. 이
런 이유로 앞의 전반부에 수록한 코메니우스의 『유아학교』에서,
편집자는 장황하고 상관없고 또 비과학적인 예를 책 내용에 영향
을 끼치지 않는 범위에서 제외시켰다.

코메니우스의 문장에 나타난 잘못이 무엇이든 간에, 그의 고결
한 선행의 탑은 태산과도 같다. 그의 고찰은 대부분 직관적이고 강
력하였기 때문에, 독자들은 책을 읽는 동안 넘치는 진리의 강에서
물을 마시고 있음을 알 것이다. 그가 추구한 교육개혁이나 개혁을
위한 탁월한 공헌이 당대에 세계적인 명성을 떨치게 했다. 예를 들
어, 코메니우스가 쓴 이 탁월한 책 『유아학교』에서 그는 "사람들은
큰 나무의 보기 싫은 가지들이 어린 묘목일 때부터 그랬음을 안다.
인간도 어려서 형성된 육체와 정신의 조합으로 평생을 살아가게
된다."라고 했다.[17]

따라서 부모들은 아기가 세상에 나와 눈을 뜨자마자 이 세 가지
요소가 잘 어우러진 사람으로 교육시켜야 한다. 육체, 마음, 영혼
을 어떻게 다루는가는 아기가 성장해서 될 사람 됨됨이의 기초를

이루기 때문이다.

코메니우스의 관점에 의하면, 하나님은 모든 사람에게 세 가지 지혜의 원천을 주었다. 첫 번째 원천은 성경이다. 성경은 정신과 삶에 대해 중대한 결정을 내릴 수 있는 기준이 쓰여 있는 책이다. 그는 영혼이 바라볼 북극성이 필요하다는 것을 알았다. 항로 방향을 정하지 않고는 그 누구도 인생의 바다를 항해할 수 없기 때문이라고 했다.

두 번째 원천은 하나님께서 만드신 물리적 세계이다. 인간은 지혜와 이익을 위해 우리 주위에 있는 자연에서 보고, 느끼고, 듣고, 실험하고, 활동하며 자연스럽게 배운다(이 시대의 교사들이 이 진리를 안다면 얼마나 좋을까). 코메니우스는, "우리는 에덴동산에서 살지는 않지만, 왜 선조들처럼 눈과 귀와 코를 그들처럼 쓰지 않을까? 자연의 섭리를 배우기 위해 이보다 더 좋은 교사가 필요한가? 왜 우리는 생명 없는 교과서 대신 이 자연의 살아 있는 책을 열어서 아이들에게 주지 않는가?"[18]라고 했다.

세 번째 원천은 인간의 탐구심으로 축적한 지혜이다. '어머니학교*(The School of Mother)'에서 코메니우스는 역사, 언어, 물리, 경제, 정치, 수학, 그리고 여러 가지 지식의 길을 유아들에게 시작하라고 했다. 그는 어머니학교에서 생명이 없는 교과서가 아니라 자연을 에덴동산처럼 즐겁게 여기면서 그러한 과목을 배우게 했다.

---

* 코메니우스는 『대교수학』에서 0세에서 6세까지의 유아를 교육하는 사람을 어머니로 보고, '어머니학교'라는 말을 썼다. 후에 코메니우스는 '어머니학교' 대신 '유아학교'라는 말을 썼다. '무릎학교'라고 번역한 사람도 있다.

II. 코메니우스의 생애와 업적

그는 이 위대한 세계에 대해 유아들이 감각으로 알 수 있는 것과 부모의 교육적인 지도로 배울 수 있는 것이 있음을 알았다. 예를 들어, "시각교육 내용으로는 어두움과 밝음, 그리고 일상생활에서 보는 색깔의 차이를 파악하는 것으로 충분하고 지리학으로는 아이가 어디서 태어났는지, 어떤 마을, 도시, 성에 사는지, 무엇이 들판이고 산이고 숲이고 호수이고 강인지를 아는 것으로 충분하다. 역사 과목은 어제, 그리고 최근 무슨 일이 있었고 작년에는 무슨 일이 일어났는지를 기억하는 것으로 시작한다. 기하학은 무엇이 작고 큰지, 길고 짧은지, 좁고 넓은지, 얇고 두꺼운지, 또는 한 뼘, 한 대, 한 아름……이 얼마인지 아는 것으로 시작한다."[19]고 했다.

코메니우스는 교육의 단계를 넷으로 나누었는데 이는 현대 서양 교육체제의 모태가 되었다. 처음 6년간 아이는 '어머니학교', 즉 어머니의 품에서 흐르는 시냇가의 꽃처럼 곱게 키워져야 한다. 그 당시 교육의 선구자였던 코메니우스는 최초이자 최상의 교사는 어머니임을 명백히 했다(아버지는 언제나 그랬듯이 두 번째이다). 부모의 영향이 아이의 육체, 마음, 영혼을 형성하고 그 가르침은 아이가 죽는 날까지 계속 영향을 미친다. "어린 연한 나무가 다 자란 나무보다 더 쉽게 굽을 수 있다. 그래서 무엇이든지 나중에 바람직하게 되려면 출생 후 처음 몇 년 동안에 모범을 보이고, 가르치고, 연습하고 버릇들이는 일을 열심히 해야 한다."[20]

두 번째 교육 시기는 여섯 살부터 열두 살까지이다. 코메니우스는 아이들이 여섯 살 이전에는 학교에 가지 않아야 한다고 생각했다. 교사는 대집단 아동에게 관심을 주어야 하는데 유아들은 개별

코메니우스의 유아학교

적인 관심과 주의를 더 많이 필요로 하기 때문이다. 그들의 두뇌는 아직 알맞게 성숙되지 않았을뿐더러, 학교의 규율을 알 만큼 발달되지 않는다. 요점을 말하면, 유아에게 가장 알맞은 지도를 할 수 있는 곳은 가정이다. "다른 한편으로, 나는 여섯 살 이후에도 아이들을 집에만 두라고 할 생각은 없다. 6세까지는 어머니로부터 가르침을 받을 수 있는 충분한 기간이다. 아이들이 보다 높은 차원의 교육을 곧 이어받지 않는다면, 아이들은 조금도 이득이 되지 않는 나태한 습관을 갖게 되거나 제멋대로 뛰어다니는 송아지 새끼가 될 것이다."[21]

초등학교 또는 지역사회학교에서의 정규교육은 '꿀보다도 달콤'해야 하고 자연스럽고 행복해야 한다. 처음 여섯 살 때까지와 마찬가지로 이 시기도 먼저 말보다 사물로 가르쳐야 하고, 모국어를 외국어보다 먼저 가르쳐야 한다. 아이들은 말과 사물에 의미를 부여하며 보고 배운 것을 행동으로 옮기며 배운다. 그 후 아이들은 더 넓은 지식의 세계에 대한 탐험을 책으로 배우게 된다.

앞으로 살아야 할 기간이 긴 유아들은 마음이 추상적인 지식의 홍수를 처리할 만큼 준비되어 있지 않음을 그는 간파했다. 주된 가르침은 감각을 통해 '그들만의 사물을 찾게 하는 것'이어야 한다. 이것이 없으면 아이들은 재미와 흥미를 잃고 주의력 없는 아이로 자란다(오늘날 교사들은 이 사실은 잘 알지 않는가?). (유아 근처에) 사물이 있다면 유아들의 감각은 "생생하게 닦일 것이고 이로 인해 즐겁게 성장할 것이다. 또 사물을 충분히 분별하여 배울 수 있을 때까지 고통을 감수할 것"이다. 그러므로 『세계도회(Orbis Pictus)』와 같

II. 코메니우스의 생애와 업적

은 숨은 그림 찾기는 학습을 심화하기 위해 '반짝이는 지혜'를 주는 데 특히 도움이 되는 책이다.[22]

초등학교에서는 인식의 발달이 중요하다. 그러나 코메니우스는 교사의 역할과 교육의 본질은 반드시 아이를 사람답게 키우는 것이 우선임을 잊지 말아야 한다고 했다. 주로 지식을 전하는 교과서도 육체, 마음, 영혼을 성장시키기 위해 있음을 잊어서는 안 된다. 학교와 교사들은 지식을 가르칠 뿐 아니라, 자신이 모범을 보임으로써 가르치며 성품으로 영향을 주어야만 한다. 코메니우스는, 요즘에도 자주 쓰는 자유라는 말이 신앙심 없고 비도덕적인 교사를 옹호하는 데 남용되지나 않는지 걱정했다. 무신론자인 공산주의자들이 타인의 부정, 자만, 반역죄를 벌할 때 공산당 이론과 자유라는 말을 사용하여 목적을 합법적으로 달성하였던 것을 예로 들 수 있다.

세계가 아는 최상의 것

교육의 세 번째 단계는 아이들이 모국어로 배우던 학교 또는 초등학교에서 벗어나, 시대의 위대한 인물들의 의식이 이루어 놓은 찬란한 진리가 있는 공간으로 옮겨가서 외국어로 다양한 분야의 지식을 섭렵하는 기간이다. 코메니우스 시대에는 라틴학교(지금의 중·고등학교)가 열두 살부터 열여덟 살까지의 6년을 맡았다. 아마 코메니우스는 이 학교에 대해 너무나도 잘 알고 있었기 때문에, 누구보다 더 이 라틴학교를 바꾸고 싶어 했을 것이다.

시대가 지나면 인간의 모든 업적은 쓸데없는 것이 된다. 그러나 코메니우스처럼 영감이 뛰어난 사람은 하나님이 그의 마음속에 역사하셔서 교육, 정치, 과학, 예술에서 큰 업적을 남겼다. 형식적으로만 자신의 위대함을 성취하고자 했던 사람들은 인간의 한계에 부딪혀 그 정신을 죽이고 만다. 그들은 내면에 살아 있는 영혼은 모른 채 껍데기만을 모방한다. 이런 경우에는 반드시 퇴보하고 만다. 이것이 코메니우스 시대의 교육계에서 생긴 현상이었다.

르네상스 초기, 교육은 그리스와 로마의 위대한 업적으로부터 활력을 얻게 되었다. 그러나 이 위대한 시작에서부터 모방이 생겨났다. 학교는 그리스어와 라틴어를 가르치는 형식적인 곳이 되었다. 학교는 교육의 정신을 잃어버렸고 어떻게 교육해야 올바른 교수법인지를 몰랐다. 더 최악인 것은 따분한 학과 공부가 학급의 귀중한 요소인 흥미를 잃어버리게 하는 지루함을 낳게 했던 것이다. 우리가 앞서 보았듯이, 코메니우스는 학교를 일컬어 "어린이들에게 부드럽게 소개해야 할 지식을 난폭하게 주입시키는 공포의 도가니"라고 불렀다.

그러나 그 당시 어린이들은 요즘처럼 천사에 가까운 존재로 대접받지 못했고 억압된 에너지를 발산시킬 수 없는 환경에서 교육받았기 때문에 교사들에 대해 더 무서운 공포를 느꼈을 것임은 의심의 여지가 없다.

천사가 아니었던 교사들은 체벌을 심하게 했다. 그의 자서전에서 그는 우화적으로 "만약 강철의 머리와 수은의 두뇌, 납으로 된

등, 철판의 피부, 금으로 만든 지갑이라면"이라고 할 정도로 그 당시 학생들에게 학교에서의 배움은 고난이었음을 표현하고 있다. 머리가 강철이 아니어서 학생의 머리는 깨질 수밖에 없었고, 수은으로 만든 두뇌가 아니어서 교사가 가르치는 것을 거울처럼 그대로 보여 줄 수 없었으며, 철판 피부가 아니어서 어려운 과정에서 살아날 수 없었을 뿐 아니라, 금으로 가득 찬 지갑이 없어 개인 교사를 고용할 수 없었던 것이다.

> 학생들은 주먹으로 맞았고, 교편 지팡이, 막대기로 볼과 머리와 등을 얻어맞았으며 피가 흐를 때까지 그렇게 앉아 있어야 했다. 대부분의 학생은 멍과 상처자국, 매자국과 매집으로 살이 두꺼워졌다. 몇 명의 학생만이 끝까지 버티어 낼 수 있었다.[23]

이런 열악한 환경에서, 코메니우스는 참교육을 실현하여 학교를 '기쁨의 정원'으로 바꾸려고 노력했다. 배움과 성장은 인생에서 아주 소중한 것이다. 배움의 모든 시간은 아기가 처음 세상으로 나와 빛의 기쁨을 느낀 것처럼 매혹적인 것이어야 한다. 모든 지식은 미지의 세계만이 갖고 있는 색깔, 불꽃의 신비로움이 있어야 감동을 준다. (의미를 주지 못하는) 죽은 교과서와 잔혹한 학교가 그러한 감동을 억눌러서는 안 된다.

코메니우스는 라틴학교에서 가르치기도 했고, 경영도 해 보았기 때문에 라틴학교에 대해 많은 것을 알고 있었다. 또한 학생 입장으로 학교의 부족한 점도 알고 있었다. 고향에서, 망명지인 폴란드에

코메니우스의 유아학교

서 학생을 가르쳐 본 교사 및 교장으로서 잘 알고 있었다. 그는 자신이 학교를 운영할 때 그런 교육환경을 비판하고 그의 학교부터 바꾸기 시작했다. 그는 학교만을 바꾼 것이 아니라 더 많은 일을 했다.

교육의 네 단계 중 첫 번째를 위한 안내서로 『유아학교』를 썼을 때처럼, 그는 빠르고 혁신적인 결과를 가져다줄 라틴학교를 위한 책을 썼다. 그는 그 책을 '열려 있는 언어의 문(Janua Linguarum Reserata, The Gate of Language Unlocked)'이라고 불렀고, 이 책은 그를 유명하게 만들었다.

그 책은 단순히 배워야 할 문장을 모국어로 쓰고 옆에 라틴어(새로 배울 언어)로 써 놓았을 뿐이었다. 실생활과 관계없는 내용을 기계적으로 암기시키는 대신, 이 문장들은 젊은 학생들이 주로 쓰고 필요로 하는 것이었다. 이 책은 코메니우스가 주장하는 두 가지 기본 원리를 보여 준다. ―첫째, 모든 언어는 모국어처럼 주제 중심의 문장으로 배울 수 있어야 한다. 둘째, 언어는 사물과 연관지어 배워야 하고 그래야 사물과 단어를 동시에 배울 수 있다.

이 두 번째 원리는 특히 코메니우스가 아주 중요하게 생각했던 것이다. 왜냐하면 그 당시의 라틴학교는 고전문학에 중점을 두었을 뿐, 예술, 과학, 생활사에 대해서는 거의 가르치지 않았기 때문이었다. 한번은 그가 "내가 학교에서 배운 것은 라틴어뿐이었다. 그것도 아주 나쁜 방법으로."라고 쓴 적이 있었다.

이 책이야말로 사람들이 기다리는 것이었다. 많은 사람들은 교육방법에 불만을 느끼고 있었다. 이 책은 너무나 심각한 학교교육의 문제를 아주 상식적인 방법으로 해결하고 있었다. 이것이야말

II. 코메니우스의 생애와 업적

로 인간의 정신을 가치 있게 해 주는 책이었다.

그 당시의 사람들은 『언어의 문(Janua)』을 시작으로 후속작품인 『Vestibulum』과 『세계도회』를 쓴 코메니우스를 최신 이론을 낸 저자로 확실하게 인정했다. 코메니우스는 세계 최초로 가르치기 가장 좋은 교과서를 만듦으로써 라틴어 교수를 쉽게 했을 뿐 아니라, 교수의 핵심을 말로 가르치는 것에서 사물로 가르치는 것으로 바꾸었으며, 과학지식과 유용한 세계 정보를 가르치는 효과적인 교수법을 발견했던 것이다……[24]

하룻밤 안에 『언어의 문』은 유럽을 휩쓸었고, 코메니우스는 많은 나라에서 유명해졌다. 그 책은 아시아로(4개국어로 번역) 퍼졌고, 대서양을 건너 개척지, 미국의 중·고등학교와 후에 새로 설립된 하버드 대학교에서도 사용되었다.

우리는 (무언가를) 하기 위해 태어났다

교육의 네 번째 시기는 열여덟 살 이후의 고등교육이다. 다른 단계와 마찬가지로 코메니우스는 지금까지도 활용되고 있는 원리를 만들었다. 교육에 대한 전체적인 그의 철학은 그의 『대교수학(Didactica)』에 나타나 있다. 가장 많이 알려졌고, 'Didactica Magna'로 더 많이 불리는 『대교수학』은 지금까지 교육학에 관해 쓰여진 최고(最高)의 저서는 아니라도 최고(最古)의 저서 중 하나인

코메니우스의 유아학교

귀중한 보물이다. 저자가 알고 있는 한, 이 책은 지금까지 교사 및 교장을 다년 간 지낸 사람이 쓴 유일한 대작품이다. 각 장의 제목은 오늘날 교육학 분야의 저자들이 쓸 정도로 수준 높은 것이다.[25]

코메니우스는 처음 5년의 망명생활 중 교육체제 이론을 발전시켰고, 교육에 대한 그의 원리를 집필했다. 그는 쉬지 않을 생각으로 열심히 자신을 채찍질했다. 이 5년 동안, 교회나 학교 일로 바쁨에도 불구하고, 그는 1년에 보통 세 권 이상 집필했다. 『언어의 문』, 『유아학교』, 『대교수학』(코메니우스는 이 책을 라틴어로 번역하여 Didactica Magna로 불렀으며 이 이름이 세계적으로 더 알려져 있다). 이 모든 저서들이 당대의 교육자로서 그를 일인자로 만들었다. 그 책들은 어느 누구도 추종할 수 없을 정도로 교육 개선에 큰 공을 세웠다.

교회와 다른 활동으로 인한 책임이 커져 갔지만, 코메니우스는 평생 동안 이 어려운 저술활동을 계속하였다. 200권이 넘는 책과, 팸플릿, 소실된 책, 완성되지 못한 책, 그리고 인쇄되지 않은 필사본들이 그의 업적을 말해 주고 있다. 사실상, 지난 100년 동안 그의 잃어버렸던 많은 필사본들이 발굴되었다. 다시 발견된 그 책들 중에 체코어로 쓰인 『유아학교』도 있었다. 그의 첫 번째 위대한 작품은 원래 체코어로 쓰여졌다. 그는 "주께서 우리를 불쌍히 여기시어 우리를 고향으로 돌려보내 주실 때" 그의 국민을 구원하고 그들이 재기하는 데 도움을 주기 위해 체코어로 썼다. 3개국어에 능통했던 코메니우스는 이후 일부분을 독일어로, 거의 대부분을 당시 많은 나라에서 보편적으로 사용한 라틴어로 번역했다. 그는 『유아학교』를 1633년 독일어로, 이후 폴란드어로, 그리고 20년 후 라틴어로 출판했다.

코메니우스는 교육에 대해 탄식하며 유용한 책을 많이 썼다. 그러나 실질적인 교육자로서 그의 명성은 한 작품을 제외하고는 초기 5년간 쓴 저서에서 비롯되었다. 수백만 명의 학생들에게 가장 큰 기쁨을 주었고 그가 세상을 떠난 후 장장 200년 동안 그 명성이 지속되었던 책은 그가 헝가리에서 고생할 때쯤인 60세 전후가 될 때까지 잘 알려지지 않았다. 이 책은 『세계도회(Orbis Sensualium Pictus)』, 『볼 수 있는 세계(The Visible World)』란 이름으로 1659년 영문판으로 출판되었고 아직도 대단한 책이다.

'세계 최초로 그림을 삽입한 책'[26] '유아를 위한 첫 번째 그림책' '단순하고, 삽화가 있는 언어의 문'이라는 찬사를 받는 이 책은 실제 그 찬사보다 가치가 더 있다. 이 책은 세계 최초로 그림으로 지식을 보여 주며 흥미를 유발하고, 오감 중 한 가지를 자극하여 지식을 배우게 한 체계적인 책이다. 이것은 코메니우스가 서문에 명시했던 "감각으로 이해 못하는 것은 아무것도 없다."는 그의 신념에서 나온 당연한 결과였다. 이것은 그 유명한 『언어의 문』을 엄청나게 발전시킨 것이고, 그가 가진 현대적 관점—지식은 각각의 다른 감각과 정신적 능력이 활발하게 움직이는 동시에 여러 번 흥미 있는 방식으로 반복하는 동안 제일 잘 배울 수 있다—을 심오하게 보여 주는 것이었다. 그가 머리말에서 말했듯이 아이들은(심지어는 어린 유아일 때부터) 그림을 좋아하고 이 그림으로 눈을 즐겁게 하려는 것이 분명하다. 그러므로 "허수아비는 지혜의 정원(wisdom's

코메니우스의 유아학교

Orbis Sensualium Pictus,

A World of Things Obvious to the Senses drawn in Pictures.

Invitation.	I.	Invitatio.

The Master and the Boy.	*Magister & Puer.*
M. Come, Boy, learn to be wise.	M. Veni, Puer, disce sapere.
P. What doth this mean, *to be wise?*	P. Quid hoc est, *Sapere?*
M. To understand rightly.	M. Intelligere recte,

to do rightly, and to speak out rightly all that are necessary.

P. Who will teach me this?

M. I, by God's help.

P. How?

M. I will guide thee thorow all.

I will shew thee all.

I will name thee all.

P. See, here I am; lead me in the name of God.

M. Before all things, thou oughtest to learn the plain *sounds,* of which man's *speech* consisteth; which *living creatures* know how *to make,* and thy *Tongue* knoweth how *to imitate,* and thy *hand* can *picture out.*

Afterwards we will go into the *World,* and we will view all things.

Here thou hast a lively and Vocal Alphabet.

agere recte, et eloqui recte omnia necessaria.

P. Quis docebit me hoc?

M. Ego, cum DEO.

P. Quomodo?

M. Ducam te per omnia.

Ostendam tibi omnia.

Nominabo tibi omnia.

P. En, adsum; duc me in nomine DEI.

M. Ante omnia, debes discere simplices *Sonos* ex quibus *Sermo* humanus constat; quos *Animalia* sciunt *formare,* & tua *Lingua* scit *imitari,* & tua *Manus* potest *pingere.*

Postea ibimus *Mundum,* & spectabimus omnia.

Hic habes vivum et vocale Alphabetum.

gardens)에서 없어져도 된다."[27] 『세계도회』의 일부분을 코메니우스의 통찰력과 관심의 범위를 보여 주기 위해 저자가 번역하여 소개하는 이 『유아학교』 여러 곳에 수록하였다.

책에 의해서가 아니라,
하늘과 땅과 떡갈나무와 너도밤나무로 가르치라

코메니우스는 우리가 이 책에 쓴 것 이상으로 더 많이 현대 학교 교육에 기여했다. 떠오르는 태양처럼, 그의 위대한 정신은 교육계의 크고 작은 측면에 빛을 비추었다.

교수방법 측면에서, 그는 현대 교육체계의 바탕인 교육 시기의 구분, 단계별 교수 유형, 단계별 교과서, 삽화, 보충 자료, 개념을 가르치기 위한 실습시간과 같은 것에 대해 기초를 다졌다. 그는 학교의 수업과정에서 교사의 독재와 강권을 없애고 학생이 기쁨, 열정의 힘, 즐거운 마음을 갖도록 모든 수단을 사용하며 학습 욕구를 자극하려고 했다. 이러한 것들은 학습자의 마음을 흥분시키고 학습에 대한 흥분은 주의를 집중시키기 때문이다.[28]

교수활동이 학생에게 매력있게 여겨지지 않는 이상, 가르치려고 하지 마라. …… 그러므로 교사는 학생이 이건 배울 만한 가치가 있다고 느낄 수 있도록 가능한 한 모든 방법을 시도해야만 한다. 이렇듯 학업에 대한 열망

은 그 내용을 사랑하게 만들고 사랑은 지식에 대한 갈망을 일으키며, 갈망은 학업에 정진하게 만든다.[29]

교수활동이란 교사가 말을 쏟아놓는 것만은 아니다. 교수활동이란 교사가 행동하고 학생은 이 행동에 반응하는 과정이다. 그러나 바람직하지 않은 교육이 '특정한 교육자들만이 특정한 때에 학생들에게 법칙을 제시하는 것'이라고 생각하는 교육자들에 의해 잘못 수행되고 있다. 이에 대해 그는 '모든 작업은 교사의 몫이고, 학생은 단지 피타고라스의 침묵만을 지키는 것이다.'라고 평가했다. 교사들의 교사 주도 교수방법이 학생들에게 교육받기 싫다는 마음을 갖게 만든다는 것을 알리고 있다. 당나귀가 억지로 짐을 끌게 하는 꼴이다. 이것은 학생들의 발달에 피할 수 없는 장애물이 되고, 그들의 집중력을 완전히 마비시킨다. '확증된 원리 VI(Axiom VI)'와 이에 대한 추론은 열심히 임하는 자세가 있어야 학습할 수 있다는 것을 알 수 있다. '확증된 원리 VI'의 의미를 알기 위해서는 열심히 하려는 자세가 있어야 한다. 또 이 원리와 '확증된 원리 XVI'를 비교하며 배우려 할 때에도 교사는 물론 학생들도 대강 해서는 안 된다는 것을 인식해야 한다. 교사는 길을 인도하고 학생은 따라가야 한다. 학생이 단순히 침묵만 하고 있다면, 교사는 학생의 주의를 끄는 데 실패한 것이다. 비록 교사 자신이 열심히 교수했다고 하지만, 그 교사는 아직 많이 숙련되지 못한 것이다. 학생은 교사의 뜻대로 조각할 수 있는 나뭇조각이 아니다. 학생은 살아 있는 형상으로, 스스로 다듬고, 잘못 다듬어지고, 또 다시 다듬어지는 존재이다. 만일

코메니우스의 유아학교

교사가 학생에게 무엇을 하게 할 때는 빨리 일어나서 그의 흥미를 파악해야 할 것이다. 학생은 그들이 가야 할 길에 대해 주의를 집중하지 못하는 것이 당연하다. 혼자 길을 찾아가야 하는 학생은 넘어지거나 길을 잃지 않도록 유심히 살피며 걸어가야만 한다.[30]

> 교사는 그가 아는 만큼 가르치는 것이 아니라, 배우는 사람이 이해할 수 있을 만큼 가르쳐야 한다. …… 학생의 지적 능력에 맞추어 가르치는 것이야말로 교수활동의 핵심 중의 핵심이다. …… 교사는 학생의 수준에 맞춰 허리를 굽히고 그가 이해할 수 있도록 가능한 한 모든 방법을 동원해야 한다.[31]

교육학을 공부하는 어느 학생이 "현대교육학의 아버지 코메니우스는 교실에서의 문제를 교육학의 입장이 아닌 아이들의 입장에서 파악하려 하였다. 가르치는 것은 제3자의 입장에서 보는 것일 뿐이다. 교수와 학습은 학습자의 지적 능력이 정상적으로 기능하는 과정에 따라 통합된다. 교수방법적인 측면에서 『대교수학』은 특히 그 내용이 풍부하다. 저자가 현학적이기를 그치고 그가 잘 아는 분야에 대해서 자유롭게 이야기할 때, 그는 귀중한 원리, 법칙, 경고, 암시를 시간을 뛰어넘어 의미 있게, 아낌없이 전달하고 있다."라고 쓴 적이 있다.[32]

코메니우스는 오늘날에도 잘 알려져 있듯이 간단하고 적용하기 쉬운 교수원칙들을 강조했다(헌신적인 교사조차 따르지 않는 너무나 현대적인 진리이다). 학생의 일상생활과 관련지음으로써 학생의 흥미를 일으킬 것, 다양한 감각을 활용할 것, 모범을 보이고 실용적일 것, 기쁜 마음으로 반복하게 할 것, 연극과 이야기로 할 것, 예를 들어 주고 상상력을 일으킬 것, 모형과 보충 자료로 학습하게 할 것, 세상이라는 실험실에서 아는 것부터 가르치다가 모르는 것으로 진행할 것이 그가 주장한 교수원칙들이다.

그는 흥미를 열심히 불러일으키는 것보다 깊은 의미를 가진 자연이라는 책(the book of nature)을 특히 강조했다. 자연은 과학적인 진리에 이르는 길이다. 수도원의 교육자들은 말의 이빨이 몇 개인지에 대해 끊임없이 논쟁을 벌일지도 모르지만 코메니우스는 "가서 직접 보라."고 말할 것이다. 가능한 한 인간은 껍데기가 아닌 하늘, 땅, 떡갈나무, 너도밤나무로부터 지혜를 배운다. 다시 말해, 학생 스스로 알아보고 조사해 보면서 배워야만 하는 것이지 다른 이들이 해 놓은 것을 관찰해 증명하는 것이 배움은 아니다.[33]

직접 조사하라. 다른 사람들이 해 놓은 것을 증명하는 것이 아니다—이 얼마나 맞는 말인가! 편집자는 실제 정규학교에서 오랫동안 가르칠 기회가 있었고, 실업학교도 운영해 보았으며 '직업훈련 과정'이라고 사람들이 말하는 곳에서 훈련 프로그램을 계발하고 확대시키기도 했었다. 코메니우스가 말한 대로 진리를 배우려는 자는 그 원천을 찾아가 사물을 살펴보아야 한다는 것을 항상 경험했다. 다양한 유형의 학교에서 다양한 훈련 원칙을 적용하거나 전쟁에서 무기를 다루는 방법을 가르치려고 할 때 다른 사람이 해 놓은 것을 검토해 보는 것만으로는 제대로 해낼 수 없다는 것이 결론이었다.

코메니우스의 유아학교

모든 인류를 위하여

코메니우스는 단지 교수방법을 개혁하는 것으로 끝내지 않았다. 교수방법 개혁은 책의 내용을 보다 더 많이 가르치기 위한 도구였을 뿐이다. 그 방법을 모색하는 한편, 그는 더 큰 뜻을 항상 염두에 두고 있었다. 왜 교육을 해야 하는가? 정신을 향상시키고 이성을 예리하게 하기 위함인가? 날카로운 칼을 든 악마는 무장해제한 이들보다 더 위험하지 않은가? 교육의 진정한 목적은 세상을 더 발전시키기 위해, 인간의 교육을 더 가속화해서 동물과 같은 단계에서 하나님을 향하는 황금시대에 더 가까이 가기 위해서이다. 그리하여 사람들은 과학적으로 판명된 최고의 방법으로, 성격과 정신과 영혼을 향상시키는 교육을 해야 한다고 강조했다.

이런 방대한 목적과 함께 우리는 모든 사람을 교육시켜야 한다. 17세기의 학교들은 금주머니를 찬 가정의 자녀나 특권을 가진 시민의 자녀, 가끔 재능이 있는 자녀 몇 명을 교육하는 데만 관심이 있었고 그 이외의 아이들의 교육에 대해서는 생각도 하지 않았다. 모든 시민을 위한 교육과 민주주의의 기초와 미래에 대한 희망은 코메니우스 시대에는 해당되지 않았다. 여아들은 아예 교육에서 제외되었다. 그러나 코메니우스는 여아들도 교육 대상으로 생각하고 있었다. 여아와 가난한 소년들 또한 내일의 시민이었다. 이들을 교육하는 것은 새롭고 더 나은 세계로의 약속이었다. 코메니우스는 체코

어로 쓴 첫 번째 『교수학』을 "명문귀족이나 지성인들만의 학습뿐
아니라 모든 인류에게 유용하도록 모든 사람을 위해 썼다."[34]

여성에 관해서 그는 "여성이라는 이유만으로 언어와 지혜의 지
식에서 떨어져 있어야 할 이유는 없다. 왜냐하면 그들 또한 남자들
처럼 하나님의 형상으로 지음받은 인간이기 때문이다. 그렇다면
왜 그들이 글을 배우지 못하고 책을 읽으면 안 되는가? 그들이 우
리 일을 간섭할까 봐 두려워서 그렇게 하는가? 여성의 마음을 채울
수 있을 만큼 많이 가르친다면, 공허한 마음 때문에 하던 간섭을 덜
하게 될 것이다."라고 썼다.

버틀러(Butler) 박사가 말했듯이 교육계의 코페르니쿠스는 아직
도 강하고 힘차게 교육개혁을 추진하는 원동력이 되어 우리의 삶
에 영향을 끼치고 있다. 아담슨(Adamson)의 말을 인용하는 것으로
이 부분을 끝맺음하는 것이 코메니우스를 조금이나마 제대로 평가
할 수 있을 것 같다. "몇몇 잘못된 점에도 불구하고, 코메니우스는
진정한 선구자이다. 그때부터 지금까지 우리는 그의 비전이 현실
에서 일어나도록 노력하고 있다."[36]

코메니우스의 유아학교

4
머무를 곳이 없는 도시

보편적 진리의 경향

코메니우스의 남은 반평생은 위대함과 비극으로 가득했다. 이 책은 장대한 코메니우스의 삶을 모두 쓸 수 있는 곳이 아니지만 핵심이 되는 사건들을 몇 가지 살펴보자. 1632년 그의 교회는 마치 그들의 미래를 위해 그가 중요한 역할을 할 것임을 예측하기라도 한 것처럼 그를 주교로 임명했다. 그는 또한 교회 주교의 직무를 필두로 그의 생애를 채울 다른 중요한 일들도 맡게 되었다. 몇 년 후, 그는 레즈노의 학교 교장이 되었다. 그의 명성은 온 유럽에 퍼졌고, 진리탐구 정신을 가진 많은 사람들과 폭넓게 의견교환을 할 수 있었다. 바쁜 생활 중에도 그는 인간을 개선시키기 위한 내용을 다양한 주제로 집필하였다.

1641년, 그는 학자들과 개혁가들을 대표하는 사무엘 하트립 (Samuel Hartib)의 급한 부름을 받고 영국을 방문했다. 영국의회를 포함한 많은 영국인들은 그의 교육 이념에 대해 지대한 관심을 보였고 코메니우스의 시간을 빼앗았다. 그것은 그의 박식함, 모든 지식의 향유, 교육 그리고 문화였다. 이 엄청난 일을 하며 그는 오류를 없애기 위해 인간이 갖고 있는 모든 지식을 철저히 조사할 것, 엄선하여 진리를 선택할 것, 삶의 세 가지 중요한 교과서인 성경, 자연, 이성을 통합시키고 조화롭게 할 것을 제안하였다. 그의 목적은 유일한 진리를 이해하게 하고, 인간을 불화로부터 이끌어 내어 조화와 선량함으로 이끄는 것이었다.

그는 더 나은 세계를 위해 그가 존경했던 베이컨(Francis Bacon)의 방식에 입각해 방법을 발견하려고 노력했다. 1627년 베이컨의 『아틀란티스(Atlantis)』가 사후 출판되었는데 "하나님의 창조와 피조물…… 그리고 살아 움직이는 것들을 과학적으로 연구하는 것이 이상적이다."라는 내용이다. 이러한 일은 사물의 신비한 활동을 알아보는 것이 목적인 재단이나 대학교에서 수행할 수 있다. 이러한 연구는 인간이 세운 모든 나라로 퍼져 가능한 모든 일에 영향을 미칠 것이다.

코메니우스는 그의 범지혜(pansophy)에 수록된 엄청난 일을 해낼 수 있는 교수진들을 갖춘 대학교를 설립하고 싶어 했다. 이 위대한 작업은 코메니우스가 망명지에 있는 자신의 동포들을 떠나 사람들에게 일의 개요와 방향을 제시할 수 있는 충분한 시간이 있었다면 잘 진행될 수도 있었다. 그러나 운명의 수레바퀴는 다시 빛에서 어둠으로 떨어졌다. 시민전쟁이 터지고, 찰스 2세(Charles II)가 처형당했으며, 크롬웰(Cromwell)이 정권을 잡아 20년 동안의 괴로운 분쟁의 시대로 들어갔다.

코메니우스의 유아학교

미국인이 되지 않은 특별한 모라비아인

1642년 여름, 코메니우스가 영국을 떠나자 많은 사람과 국가들이 교육개혁을 위해 코메니우스를 찾았다. 그해 말, '북유럽의 독수리' 옥센스티에르나(Chancellor Oxenstierna)와의 긴 회담 끝에 그는 스웨덴의 학교를 개혁하는 일을 맡았다. 코메니우스는 교과서를 준비하는 따위의 자질구레한 일로 자신의 명예를 실추당하고 싶지 않았다. 코메니우스가 엄청날 정도로 부지런했지만 그곳에서는 모든 지식을 재구조하고 기독교를 단일화하고자 하는 자신의 위대한 사업을 할 시간이 없었다. 그가 속한 교단이 권고한 일이 아니었다면 그는 그 일을 거부했을 것이다. 그 일로 생존을 위해 물자가 필요한 그의 동포들을 위한 기금을 마련할 수 있었고, 비록 보잘것없는 일이기는 했으나 거국적으로 교육개혁을 시도해 볼 기회를 가질 수 있었다. 그가 스웨덴의 제안을 받아들인 가장 큰 이유는 스웨덴의 보호로 보헤미아의 개신교도들을 그곳으로 데리고 갈 수 있기를 바라는 마음 때문이었는지도 모른다. 30년 전쟁이 아직 진행 중이었지만 스웨덴, 프랑스, 독일의 개신교가 세력의 우위를 차지하게 되어 긴 망명생활이 끝날 수도 있는 가망성이 보였다. 만사에 유능한 옥센스티에르나는 스웨덴 학교에 대한 코메니우스의 이야기를 모두 듣고, 그와 한동안 이야기한 후 그를 강권하며 일을 맡겼다. 강대국의 강한 힘을 가진 수상과의 우정으로 보헤미아인들의 운명이 잘 풀리는 듯했다.

그래서 그는 전혀 좋아하지 않는 그 일을 하기 시작했고, 언제나 그랬듯이 그 고된 자질구레한 일을 열심히 했다. 그 결과 많은 스웨덴 사람들을 기쁘게 하였는데 그중에는 1648년 출판된 다섯 권의 주요 교과서가 포함되어 있었다.

영국에서 스웨덴으로 왔다 갔다 하던 초기 시절, 코메니우스는 하버드 대학의 총장으로 일할 것을 요청받고 있었다. 코튼 마터(Cotton Mather)에 따르면 "세 언어권에서 명성을 인정받아 평판을 떨치게 된 이 용감한 노인, 요한 아모스 코메니우스(John Amos Comenius)는 윈스롭(Winthrop) 씨가 찾고 있던 '이 대학과 국가를 빛낼 수 있는 수준'의 학장으로서 자질을 갖춘 사람이었다. 그러나 그 특별한 모라비아인은 스웨덴을 택함으로써 미국인이 되지 않았다."[37]

그 요청은 그의 개인적인 가치뿐만 아니라 그의 다른 관심사인 인디언의 교화 때문에 코메니우스를 깊이 생각하게 했을지도 모른다. 그러나 우리가 알고 있듯이 숭고한 그의 영혼이 그 일을 하지 않게 했으리라는 것을 알 수 있다. 그의 첫 번째 책임은 교육이 아니라 교회였다. 그의 첫 번째 직업은 가르치는 것이 아니라 성직자였다. 그가 망명지에 있는 동포로부터 떨어져 먼 나라에서 일을 했던 이유는 항상 그의 동포들을 위해 자금을 조달하기 위해서였다. 그의 목적은 항상 죽음과 같은 어둠에 있는 그의 동포들이 꿋꿋하게 서 있을 수 있도록 돕는 것이었다.

코메니우스의 유아학교

고난의 연속

1648년 스웨덴에서 마지막 교과서를 출판한 후, 그는 레즈노로 돌아갔다. 같은 해, 그의 성실함과 그를 움직이는 하나님의 특별한 은사를 고려하여 코메니우스의 교회는 그를 대주교로 임명했다. 그는 이 오랜 역사를 가진 교단의 마지막 대주교였다. 고국의 권력 자들은 망명지에 있는 사람들조차 소멸시키려 했기 때문에 항상 고난을 당하는 처지에 있던 그는 오랫동안 교회에서 봉사했음에도 불구하고 사무실에서 일을 본 적이 거의 없었다. 1648년 10월 24 일, 웨스트팔리아(Westphalia) 평화조약은 30년 전쟁의 살육을 끝냈다. 프랑스와 스웨덴은 전쟁의 마지막 단계를 단호하게 처리했다. 그 결과 영토의 변동이(후에 불행의 씨앗이 되는) 많았고 신교도들의 권리가 보장되었다. 루터교와 칼뱅교는 인정받았으나, 페르디난드 황제의 출신 왕국인 오스트리아와 통치국이었던 보헤미아는 제외되었으므로 코메니우스의 형제교단은 인정받지 못했다.

모든 시기의 정치가들처럼, 개신교의 협상가들도 평화협정을 맺었다. 협정은 인간사에서 일어나는 문제를 해결하기에는 좋았다. 그러나 사람들이 원칙을 어길 때, 협상은 후세에 악마로 작용하여 비운을 가져다 주었다. 인간은 물질적인 성취를 통해서가 아니라 진리·자유·정직·성실·정의에 충실함으로 진보한다.

마지막 희망까지도 접게 만든 30년 전쟁 종식 방법은 약한 자들

II. 코메니우스의 생애와 업적

을 절망적으로 무너뜨렸다. 이제까지 그를 힘들게 했던 그 어떤 고난의 사건들보다 이 일은 코메니우스에게 충격을 주었다. 서명하기 전 협정 내용을 듣고 코메니우스는 옥센스티에르나에게 위엄을 갖춘 강경한 간청을 올렸다. "당신이 승리를 획득하는 데 우리는 눈물로 당신을 도왔습니다. 무슨 일이십니까? 감옥 같은 이곳에서 우리를 풀어 줄 수 있는 힘이 있으면서, 왜 우리를 박해자의 손에 다시 넘기십니까? 선조들이 애쓰고, 순교자들이 신성한 피를 바친 이 교회와 모든 신성한 복음의 동지들을 도울 사람이 전혀 없다는 말씀입니까? 왜 우리의 왕국에 찬송가를 회복시켜 주고 싶은 열망을 그대는 갖고 있지 않습니까? 왜 당신은 우리에게 도움을 요청했습니까?"[38]

56세인 코메니우스는 세계적으로 유명하고 성공적인 교육학자였지만, 가슴을 갈갈이 찢기는 실패를 맛보았다(그는 "미래 시대는 역사를 다르게 기록할 것이다."라고 말하였다). 이듬해 그는 무거운 짐을 졌다. 1650년 그는 고통받은 인간의 영혼이 쓸 수 있는 가장 통렬한 글을 썼다. 이런 불안정한 때에, 뿔뿔이 흩어진 형제교단 교인들에게 다시 교리를 알리기는 불가능하다고 인식한 코메니우스는 교인들에게 다른 교단에 등록해서 정상적인 삶을 살라고 권고하였다.

그들은 뒤늦게 유러시아로 추방된 백만 명도 넘는 20세기의 사람들과도 같았다. 코메니우스의 조국도 같은 비운을 겪었다. 20세기의 정치가들은 코메니우스에 비하면 명료한 비전이고 인격적 성숙도 없이 휘청거렸다.

코메니우스의 유아학교

동포들에게 그는 '죽어가는 어머니, 형제교단의 유언. 형제들아, 단결하라(The Bequest of the Dying Mother, the Unity of Brethren)'라는 제목의 글에 '형제교단'이라는 이름을 붙였다. "어디로 가든지, 네 영혼을 충족시키는 어떠한 다른 복음 교회에서라도 예수 그리스도를 믿으라. 내가 품었고, 너희들에게 가르쳐 준 그 길을 온전히 걸어가라. 곧고 옳은 길만 걸어라. 다른 사람을 멸시하는 무리에 끼지 말고 분노하는 무리의 분쟁에 휘말리지 말라. 대신 사랑과 화목과 모든 선함이 교회에 깃들게 하라."[39]

후에 코메니우스는 유언으로 이 세상의 모든 교회에게 "유일한 하나님이 정하신 하나의 법 아래 거하며, 다른 교파의 교인들을 사랑과 화목으로 도와주시오. 우리의 몸에는 많은 다른 지체가 있지만, 하나 되어 서로를 섬기며 성장하는 것과 같이 하나님을 믿는 교회에 그런 날이 오게 하시오. 그래서 천사들이 같이 노래 부를 수 있는 날이 오게 하십시오. 형제들이 하나 되어 같이 사는 것이 얼마나 좋고 기쁜 일인지 보십시오."[40]라고 했다.

코메니우스가 그의 사랑하는 조국에 비극적인 작별인사를 할 시기가 왔다. 그것은 그에게 희망의 끝이었지만, 세월이 지나 현재에 이르기까지 그가 한 말은 고난을 겪는 모든 사람들에게 희망의 별이 되었다. "어찌 내가 너를 잊을 것인가, 체코와 모라비아여, 나의 조국이여, 이제 나는 너를 떠난다!" 마사라이크(Masaryk)는 코메니우스가 유언에서 한 말을 혁명구호로 사용했고 1918년 12월, 독립된 국가의 국민들에게 보내는 첫 번째 전언의 머리말로 썼다. "나는 하나님을 믿는다. 우리가 머리끝까지 쌓아올린 죄가 불러들인

II. 코메니우스의 생애와 업적

격노의 폭풍이 지나고 나면, 하나님 섭리의 법칙이 다시 여러분에게 임할 것이다. 오, 체코인이여!"[41]

1650년, 그가 속한 교단의 회의 방향에 따라(그는 언제까지나 교회의 종이었다) 코메니우스는 트란실바니아의 헝가리에 망명하고 있는 모라비아인들을 방문하였다. 그곳에서도 운명은 또다시 그의 의지를 거슬렀다. 짧은 방문 대신, 그는 5년 동안 가족들로부터 떨어져 신교도들이 운영하는 학교를 개선하고 있었다.

그가 교회 때문에 겪은 또 한 번의 불행한 기간이었다. 그는 한때 "…… 나는 하나님이 나의 약한 점을 통해서 하실 것이 무엇이든지 흔쾌히 해야만 한다……."라고 말했다.[42] 야망과 결코 변하지 않는 전통이 곳곳에서 그를 방해했다. 헝가리에 있는 형제교단을 위하는 일, 폴란드에서 교단회의를 하는 일, 헝가리에서 보헤미아인을 노예생활로부터 풀어 줄 수 있는 사람을 찾겠다는 희망이 없었다면 그는 그 일을 수락하지 않았을 것이고 거기에 머물지도 않았을 것이었다. 사라졌던 희망이 다시 살아나는 듯하였다. 사실상, 희망은 견고한 그의 마음에서 죽은 적이 없었다. 그것은 코메니우스가 무덤까지 가져갈 방패였다.

코메니우스는 그의 포용적인 종교적 관점과 특히 그의 교육에 대한 진보적인 생각에 대한 반대에 부딪히게 되었다. 그러나 그는 "나의 모든 방식이 뜻하는 목적은 고역과 같은 학교교육이 놀이와 즐거움으로 바뀌는 것이다. 여기에 있는 그 누구도 이해하려 하지 않는다. 좋은 환경에서 태어난 아이들을 비롯해, 모든 어린아이들은 노예처럼 취급받고 있다. 교사들은 굳은 얼굴과 거친 말과 심지

코메니우스의 유아학교

어는 체벌로 권위를 세우려 하고, 사랑해 주려 하기보다는 두려움의 대상이 되고 싶어 한다. 이것은 바람직한 방법이 아니라고 사적으로 공적으로 얼마나 많이 내가 지적했는가? 그러나 언제나 소용이 없다. 나는 또한 처음부터 연극 무대 같은 수업을 하도록 충고했다. 나는 이런 방식의 수업이야말로, 의식을 무기력하게 하지 않고, 생동감을 불러일으키는 데 가장 효과적이라는 것을 경험으로 배웠다. 그러나 내가 그렇게도 중요하게 생각했던 방법을 그들은 장난으로(학교에서 코미디나 가르친다면서) 생각했고 그런 '놀이' 따위는 예수회나 하게 하라고 했다는 말을 들었다."[43]라고 했다.

결국 코메니우스는 『언어의 문』 일부를 극화할 수 있는 기회를 그에게 주도록 설득하였다. 결과는 엄청난 성공이었다. 교육을 재미있게, 극적으로, 흥미롭게, 학생들의 참여로 가득 차게 하자는 그의 철학에 반대했던 사람들이 말했다. "코메니우스, 고백하건대 우리는 지금까지 당신의 책 『언어의 문』이 갖고 있는 많은 비밀의 깊이를 헤아리지 못했고, 그것이 학생들에게 얼마나 많은 이득을 가져다줄 수 있는지에 대해 알지 못했습니다……."

당신에게 부탁합니다. 코메니우스! 책 전체의 내용이 즐거운 연극으로 바뀌기 전까지 우리를 떠나지 말아 주십시오. 우리는 당신의 이름을 영원히 기억하면서 학교에서 그 연극을 공연하겠습니다.[44]

그들은 그가 머무르기를 간절히 청했다. 그러나 코메니우스가 그들의 동포를 구해 줄 구원자로 믿었던 왕자가 죽었고, 또 폴란드에 있는 동포들과 함께 해야 할 긴박한 일과 그가 꾸고 있는 범지학적 꿈을 위해서 돌아가야 함을 느꼈다. 그는 최악의 고난에 맞춰 돌아왔다. 인류를 말살시키는 또 다른 끝없는 전쟁이 폴란드를 파괴했다. 1656년 4월, 코메니우스가 헝가리로부터 돌아온 다음 해 봄, 군대는 레즈노 전체를 약탈하고 불질렀다. 불길 속에서, 코메니우스의 삶이, 가정이, 재산이, 보물과 같은 서적이, 그와 교회의 도서실이, 그리고 출판되지 않은 필사본의 거의 전부가 사라졌다. 이 마지막 손실은 엄청나고 압도적이었다. 그의 인간 개선에 대한 거대한 꿈, '인간성 개선에 관한 일반 담론(A General Consultation About the Improvement of Humanities)'의 중요 부분이 손실되었다. 그는 이를 일곱 부분으로 계획했고, 몇몇 부분은 인쇄할 준비가 되어 있었다.

후에 그는 이 책의 많은 부분을 다시 썼지만, 그가 가장 가치를 두었던 작품으로 일평생 썼던 사전의 원본은 그 어느 부분도 대신할 수 없을 만큼 가치 있는 것이었다. 반세기 전, 희망에 찬 어린 시절, 그가 헤어보른(Herborn)에 살았을 때 완벽하고 정확한 문법의, 고상한 숙어와 속담이 수록된 보헤미아어 사전을 쓰기 시작했다. 신중하게 선택하고 배열해서, 그 누구도 하지 못한 고장 특유의 언어사전을 그의 희망대로 썼었다.

숨을 거두는 날까지 나는 이 작품의 손실을 슬퍼할 것이다. 그것은 다른 언어의 본보기가 될 수 있었기 때문이다.[45]

코메니우스의 유아학교

반세기 동안, 코메니우스는 그의 희망과 그가 이룩해 놓은 일들이 주위에서 소멸되는 것을 보았다. 그의 엄청난 근면성은 세상을 바꿀 만한 결과를 이룩했다. 그러나 그가 말했듯이 그는 삶의 마지막 순간까지 벌거벗은 것보다 약간 나은 상태에서 집 없이 여기저기 흩어져 있는 동포들을 책임진 지도자로서 망명지를 떠돌아다니며 살았다.

Ⅱ. 코메니우스의 생애와 업적

5
한 가지 필요한 일……
죽는 그 순간에도

　코메니우스에게 멈추지 않았던 마지막 고난이 떨어질 때 그는 육십의 중반을 바라보고 있었다. 그는 전쟁과 전염병이 만연하는 시기에 보통 사람들이 살았던 것보다 훨씬 더 긴 세월을 살았다. 그는 다른 많은 사람들이 몇 생애에 걸쳐서 겪을 실망, 손실, 배반을 겪었다. 그는 지쳤고, 더 이상 힘이 없었다. 그러나 그는 그의 신념을 더욱더 강하게 붙들고 고난을 받을 때마다 다시 일어나 열심히 분투하였다. 오래전 보헤미아가 누린 황금시대에 유망주였던 젊은이는 이제 교단의 마지막 희망이 되었다. 동포들은 그를 필요로 했고, 그는 그들을 돕기 위한 노력을 아끼지 않았다. 그는 다른 나라의 친구들로부터 기금을 모았다. 그는 동포들을 돕기 위해 그들이 필요로 하는 정신적 지원, 그리고 그들뿐 아니라 모든 사람이 필요로 하는 교육학, 범지혜, 순수종교에 대해 글쓰기를 멈추지 않았다. 암스테르담 당국의 원조와 엄청난 노력으로 그는 유명한 『대교수학(Opera Didactica Omnia)』을 집필했다. 그 책은 그가 평생에 한 교육개혁 업적을 네 권으로 묶어 출판한 책이었다. 그 책에는 예전에 출판했던 책들, 오래전에 집필했지만 출판되지 못했던 필사본, 암스테르담에서 쓴 몇몇의 필사본으로 구성되어 있었다.

어찌 그대를 잊어버릴 수 있으랴…… 나의 고향

그의 교단이 작아질수록, 그는 더 많이 노력했다. 이것은 마치 무엇인가 더 큰 힘이 그를 돕는 것과도 같았고, 하나님이 재건을 이루어 줄 날까지 그 공백을 메꾸려고 하는 것 같았다. 왜냐하면 하나님은 파멸에서 "우리가 생각할 수 있는 어떤 사람보다 더 역경을 잘 딛고 일어나 더 나은 것을 일으킬 수 있는 분이시다."[46]라고 그가 믿었기 때문이었다.

그가 믿음으로 기다릴 수 있는 능력을 주시기 위해서, 미리 형제 교단의 교리를 체계화하여 보존하기 위해 하나님이 도우셨기 때문에 코메니우스는 쉽없이 글을 써서 『찬송가집(Hymnal)』, 『신앙고백(The Confession of Faith)』, 『교리문답집』과 많은 다른 책들을 출판할 수 있었다.

체코어로 쓰인 성경은 보헤미아에서 파괴되었기 때문에 코메니우스는 자기 동포들을 위해 『성경주해(Biblical Manual)』 또는 『성경으로부터 발췌한 하나님 말씀의 위대함』을 썼다.[47] 이 책들은 방어를 위한 믿음의 방패로서 그들을 지지해 주는 희망의 지팡이였다.

그는 흩어져 유랑하고 있는 동포뿐 아니라 보헤미아에서 아직 비밀리에 믿음을 지키고 있는 교인들을 위해 준비했다. 마음에 감동받은 사람들이 싹쏘니, 실리시아, 헝가리, 폴란드 등지에서 꾸준히 코메니우스가 쓴 책들을 보헤미아로 반입했다. 삶의 끝이 가까이 왔으나, 그는 아직도 문답식 교리교수법(형제교단의 교리와 관습을 보헤미아에서 계속 살아 있게 하기 위해)을 집필하는 데 헌신하였다. "여기저기 흩어진 그리스도의 신성한 어린양들을 위해, 특히 F. G. G. K. K. S. S. Z.(Fulneck, Gersdorf, Gedersdorf, Kloten, Klandorf, Stechwalde, Sutendorf, and Zauchtenthal)에 있는 사람들을 위해 이 책을 쓴다."고 코메니우스는 말했다. 이 모든 지방은 그가 세상을 떠난 후 아주 오랜 뒤에 싹쏘니의 헤른훗에서 형제교단을 훌륭하게 재건하는 데 지도력을 발휘하였다.

미래에 대한 그의 희망이 강렬했음에도 불구하고, 코메니우스의 가슴은 그 당시 그가 겪은 비운의 무게 때문에 무거웠음이 틀림없다. 1660년 스튜어트 왕가가 복귀할 때, 코메니우스는 영국 국교회에 고하고, 찰스 2세에게 바치는 『De bono unitatis』를 출판하였다. 기독교 종파 간의 완고한 편견을 없애기 위해 평생토록 중재자 역할을 했던 그는 영국 국교회가 관용적이고 그리스도의 뜻에 따르는 교회가 되어 중재자 역할을 하게 되기를 바라면서 이 책을 썼다. 안내서로서, 또 조화와 질서, 그리고 규율과 복종이 주는 장점을 보여주기 위해, 그는 형제교단과 그들의 유명한 '좋은 습관 들이기(Ratio Disciplinae)'에 대한 짧은 이야기도 첨가했다. 그는 자신의 교파가

II. 코메니우스의 생애와 업적

믿고 있는 교리를 영국 교회에 알리면서, 꺼지지 않는 믿음의 불길을 태웠지만 그의 교회에 종말이 다가오는 것을 깨달았다.

> 하나님께서 우리 교회가 시작된 본래의 장소에서 다시 살릴 가치가 있다고 생각하시든지, 우리 교회를 여기서 끝나게 하시든지, 아니면 다른 곳에서 소생시키시든지, 어떤 경우에도 하나님의 뜻대로 교회를 돌보아 주시옵소서. 교회가 없어지더라도, 지금 그 순간이 오는 것처럼 생각됩니다만 하나님, 당신은 이 교회를 사랑하셔야만 합니다. 왜냐하면 형제교단의 교회는 두 세기도 훨씬 전에 신앙을 구체화하고 인내를 가지고 하나님 앞에 섰기 때문입니다. 우리는 우리 후손이 나중에 형제교단의 기초를 찾기 불가능하지 않도록 …… 완전히 무너지지 않게 잘 챙겨야만 합니다.[49]

많은 방황 뒤에

1670년 11월 4일, 낙엽의 계절에 코메니우스는 갑자기 78세를 일기로 세상을 떠났다. 2년 전 그는 그의 위대한 작품 『한 가지 필요한 일(One Thing Needful)』에서 그만의 비문을 쓴 통찰력을 보였다. 그 책에서 그는 다음과 같이 썼다.

> 나는 하나님이 나를 갈망에 가득 찬 사람으로 만들어 주신 것에 대해 평생 감사했습니다. 나는 비록 오랫동안 이곳저곳을 떠돌아다녔지만 하나님

께서는 나의 목마름이 모든 선한 것의 샘물이신 그에게로 향하게 해 주셨습니다. ……

나는 여기에 젊은이들을 위한 더 나은 교육을 알리기 위해 내가 노력해 온 것을 말하고자 합니다. 교리 중심 시대에 많은 이들은 젊은이를 위한 교육이 가치 없는 것이라고 여겼습니다. 그러나 그의 어린 양을 끊임없이 사랑하게 하시고 그들을 향한 사랑 때문에 나에게 영감을 주시어 노력을 쏟게 하신 그리스도에게 감사드립니다. …… 나는 겨울이 지나면 하나님의 교회가 결실을 맺을 것이라고 믿습니다.

나는 계속, 많은 근심을 갖고, 신앙의 문제로 서로 싸우는 기독교도들이 서로 평화롭게 살도록 설득해 왔습니다.

자신의 엄청난 노력에 대해 코메니우스는 "기독교를 믿는 일부 종파의 사람들만 돕는 것보다 모든 사람을 돕는 것이 평화를 가져오기 쉽다는 생각에, 나는 모든 사람들에게 이익을 주고자 하였습니다."라고 말하였다. 살아 있는 마지막 순간까지 그는 그의 비전에 대해 글을 썼다. 그가 죽기 6주 전, 그는 'Triertium catholicum'이라는 백과사전의 머리말을 완성했다. 그가 죽음의 날개짓을 들었을 때, 그는 아들 다니엘로부터 그의 모든 필사본들을 순서대로 정리하고 수정해서 출판하겠다는 약속을 받아냈다. 그가 타계한 후 몇 년 동안 그 일은 계속되었다. 1678년 모든 것이 준비되었으나 인쇄는 되지 못했다.[50]

시시포스(Sisyphus)의 큰 돌을 밀어 올리던 나의 오랜 삶 뒤에 나는 이제 무엇을 말해야 하는가? 오, 주여, 나를 당신의 품안에 거두시고, 나를 당신의 영광 속에 받아 주소서.

내가 남기는 세속의 재산들은 불쌍한 사람들에게 나눠 줍니다. 궁전 대신 나에게 작은 오두막을 주소서. 비싼 음식 대신 빵과 물을 주소서.

나의 모든 생은 순례였습니다. 내가 머물 곳은 아무 데도 없습니다. 그러나 하늘의 집은 내 앞에 열려 있고, 그리스도께서 나를 바로 그곳으로 인도하십니다.

내 자신을 위해 한 가지 필요한 것은 '과거의 것은 잊어버리고, 앞으로 있을 일을 향해 열심히 나아가는 것'입니다. 나는 힘을 다하여 앞으로 나아갑니다.[51]

코메니우스의 유아학교

6
왜 이 책을 써야 했는가?

모든 사람들에게 가장 유익한 책

코메니우스는 그의 책『유아학교』9장에서 "아이들은 어린 송아지나 어린 당나귀로 살기 위해 태어난 것이 아니라, 이성적인 창조물이 되기 위해 태어났다."고 썼다. 소중한 아기의 엄마들은 모두, 작지만 엄청난 가치를 가진 이 책을 읽어야만 한다. 이 책은 나무가 평생 자랄 방향으로 결정되는 초기 6년간의 교육에 대해 말하고 있다. 세상을 다시 만들기 위한 교육으로, 코메니우스는 부모들이 아기가 태어날 때 아니 그 전에 아이들을 교육하기 시작해야 한다는 것을 알았다. 사람들은 소망만 할 뿐, 자신의 아이들을 고귀함으로 안내하는 행동은 취하지 않는다. 어머니들은 자신의 아이들이 착하고 위대해지는 것을 꿈꾼다. 그러나 그것이 어머니들의 손에 달려 있음에도 불구하고, 그렇게 만드는 데 실패한다.

어린이들을 연단하는 미묘한 영향은 해가 거듭되면서 습관으로 되고 인간의 충동적 행동을 세련된 경향으로 만드는 데 도움을 준다. 교육의 네 단계 동안, 어린이는 그들의 능력을 워싱턴이나 네로, 링컨이나 스탈린, 히틀러로 바꾼다. 교육만이 전체적인 영향은 아니고, 또한 교육만이 인간의 마음을 다루는 것도 아니다. 그러나 코메니우스가 정확하게 통찰했듯이, 한 사람을 교육하는 것은 그 사람으로 하여금 유용한 삶을 살게 할 수도 있고 파괴적인 삶을 살게 할 수도 있는 힘을 가지고 있다.

이 짧은 어머니학교 지침서는 교육을 통해 더 평등한 세상을 만들고자 한 코메니우스의 엄청난 계획의 시작이었다. 그의 다른 책 『언어의 문』, 『세계도회』 등은 인기의 한계를 넘어 문명화된 세계를 휩쓸고, 보카라에서부터 보스톤까지 교과서로 쓰였다. 교육자들 중에는 이 어머니들을 위한 소책자가 교육 문제를 포괄적으로 다룬 『대교수학』과 견줄 수 없다고 말한다. 그러나 오늘날 이 책은 그의 가장 중요한 작품이다. 이 책은 아이가 가질 수 있는 최초이자 가장 중요한 교사인 어머니를 위한 책이다. 아이의 장래와 그 아이가 사는 국가의 미래 역시 어머니에게 달렸다. 그녀의 가르침을 받으며 아이는 삶의 기초를 닦는다. 그 가정이 평등하고 진실된 곳이 될 것인지 아니면 패망할 것인지가 결정된다.

코메니우스는 어머니의 책임을 확실하게 보았고, 그리고 이 책에는 시대를 불문하고 어머니들이 따를 수 있는 원칙들이 담겨 있다. 오늘날 그가 제시한 몇몇 '과학적인' 이유는 시대에 뒤처진 것으로 들릴 수도 있다. 그러나 그의 통찰은 인간의 변함없는 정신에 대한 것이기 때문에, 교육 원리에 담긴 그의 통찰은 신선하고 현대적이다. 그는 어머니들이 자신이 낳은 소중한 아이는 귀한 삶을 살아야 한다는 꿈을 가지고 있음을 알았다. 그래서 그는 어머니들이 아이를 친절하게 교육할 수 있는 실제적인 방법을 알려 주었다. 만약 모든 어머니들이 이 현명하고 영향력 있는 작은 책의 내용을 성실히 따른다면, 이 세상은 변할지도 모른다.

우리에게 더 잘 알려진 다른 책 대신에 이 훌륭한 책을 재출판하려고 선택한 데는 여러 이유가 있다. 이 책은 시대를 앞서는 저서일 뿐 아니라, 『대교수학』의 기본 이념을 실용적이고 구체적으로 반영했기 때문이다. 이 책은 학자가 아닌 교사를 위해 쓰였고, 아이의 인성 형성에 가장 중요한 시기에 대해 쓴 것이다. 이 책은 보통 교사들이 쓰는 말로 썼기 때문에 단순하나 힘이 있고 읽기 쉽다. 모든 여자와 남자는 세계를 하나님의 뜻에 맞도록 조화롭게 하는 교사이기 때문이다.

코메니우스의 시대처럼, 아직까지도 가장 큰 문제는 인간의 문제이므로 이 책은 핵무기 시대를 위해 쓰였다고 볼 수 있다. 만약 교육으로 사람을 바꿀 수 있다면 이 책은 강력한 힘을 계속 발휘할 수 있을 것이다.

이 책은 심오한 지혜와 일반 상식으로 차 있다. 전문교사가 아닌 어머니를 위해 쓰였으나, 이 책은 교수활동에 필요한 대부분의 유아교육 원칙을 간단하게 몇 가지로 줄인 것이다. 사실상 편집자는 해군의 포병대장이 교수법에 대한 원리를 단 여섯 단어로 표현하는 것을 들은 적이 있다. 그는 정규교육은 얼마 받지 못했지만, 교육을 전공하고 일생을 바친 많은 사람들보다 가르침의 과학을 더 잘 이해하고 있었다. 전쟁 중 우리는 해군 훈련소에 적군의 항공기를 보기 위한 레이더망을 설치하고 있었다. 편집자와 같이 모의 학교에 다녔던 이 화제의 포병대장은 접전 중인 남태평양 실전에서 이 레이더 망을 쓰기 전에 먼저 작동해 보게 해야 한다는 결정을 내렸다. 훈련시설을 감사하는 동안 편집자는 "나는 병사에게 말해 주고, 보여 주고, 해 보게 하겠습니다."라는 그의 단호한 결정에 감동받았다.

모든 학습과 수많은 책으로 구성된 지식의 바다에 잠수함으로써, 코메니우스는 이와 동일한 진리를 갈파하였다. 이 진리는『유아학교』에서 확실히 빛난다. 이 책에서 코메니우스는 모든 부모가 반드시 알아야 할 교수 지침은 "어린이들의 열망을 불러일으키라. 그러면 아이들은 배우고 싶어 할 것이다."라고 했다.

유아들이 관심을 갖지 않는다면 아무것도 가르칠 수 없다. 가능하다면, 다양한 형태로 어린이들에게 지식을 제시하라. 그러면 어린이들은 여러 감각을 활용하여 반복함으로써 그 지식을 뇌 신경계에 강하게 각인할 것이다. 이론을 배우고 싶게 하여 생동감 있게 만들고 새벽의 여명이 밝은 빛을 예고하듯이, 이 확실한 목적으로 어린이의 능력이 피어나게 하라.

부모나 교사가 크게 영향을 끼칠 수 있든 없든 간에, 그들은 좀 더 큰 아동의 흥미를 촉진시키고, 자존심을 존중해 주고, 아이의 존엄성을 세우는 방법을 쓸 수 있다. 어른들에게는 어렵겠지만 이 모든 것은 간단하다. 아이들이 올바를 때에는 칭찬하라. 자비심을 갖고 아이들이 잘못을 바로 잡게 도와라. 가르침을 생생하고, 생동감 있고 재미있게 만들어라. 수업을 삶의 순간과 관련이 있는 것으로 하라. 이렇게 하면 이 신성한 화살만으로, 또

코메니우스의 유아학교

쇠퇴하지 않는 빛으로 모든 교과서보다 더 많은 것을 아이들에게 가르칠 것이다. 이 모든 것들은 아이들의 마음을 비추어 미래에 대한 동경을 일으킬 것이기 때문이다.

인간들이 받은 축복은 많은 교사들이 진실로 헌신적이라는 것이다. 그들은 다음 세대에게 자신의 삶을 준다. 그러나 학교는 아직 많은 학생에게 영향을 미치는 데 실패하고 있다. 교육은 힘든 고역 대신 새로운 수평선을 넘어 끝없이 모험하는 '빛의 정원'이 되어야 한다. 어떤 이들은 이 사실에 대해 아이들을 비난한다. 현명한 자들은 코메니우스와 함께 빛나는 목적으로 이론에 생동감을 불어넣는다. 이 소책자를 갖고 있는 사람들은 교육을 향상시킬 수 있는 강력한 보물을 갖게 될 것이다. 이 책은 아이가 평생 쓰게 될 기술을 어떻게 가르쳐야 하는지에 대해 요점을 말하고 있으며, 그들이 일생 동안 지니게 될 성격을 형성시킬 수 있는 방법에 대해 모든 세대의 교사들에게 아이디어를 제공하고 있다.

육체, 정신, 영혼을 위하여

교육을 말할 때, 코메니우스는 책과 정신을 훈련하는 것에만 치중하지 않았다는 것을 짚고 넘어가야 한다. 진정한 교육은 지성뿐만 아니라 전인으로 기르는 것이다. 가장 필요한 것은 살아가는 동안 정신과 영혼을 강건하게 지탱해 주는 건강한 육체라고 그는 보았다. 육체는 항해를 위한 견고한 배이다.

코메니우스가 말하길 "첫 번째로, 인간의 가장 중심이 되는 영혼을 잘 돌보아야 한다. 그래서 그것은 가능한 한 최고의 단계에서 아름답게 빛나야 한다. 다음으로는 영혼이 잘 거할 수 있는 육체를 돌보아야 한다." 그런 육체를 위해서 우리는 기도해야 하지만 "우리는 기도만큼 노동도 해야 한다."

어떻게 이득이 되게 노동을 하는지 보여 주면서 그는 육체를 보살피는 데 필요한 책을 쓰는 데 헌신했다. 그의 책에서 우리는 오늘날의 심리학 및 의학계에서 발견한 만큼이나 현대적인 가르침이 수록되어 있는 것에 대해 놀란다. 게다가 그의 생각이 현대 몇몇 전문가들이 가진 전인교육의 이념보다 더 진보적임을 보고 놀란다. 그의 과학적 상식이 비약적 이론이기는 하다(말로만 그렇게 썼을 수도 있다). 그의 시대 이래로 과학기술은 한층 발전하였고, 우리는 핵을 탐구하고 무한히 뻗어 나가고 있다. 그러므로 몇몇 그의 논쟁은 설득력이 없고, 우화에 의존하여 설명한 것은 유치하게 보인다.

그러나 그는 중요한 요점을 분명하게 짚었다. 그의 상식, 예리한 관찰, 실제로 실험해 보고 얻은 지혜는 현대적 과학지식의 부족함을 보충하고도 남는다. 300여 년 전 코메니우스는 미래 세계의 주인들과 이 땅에 살 사람들의 첫 번째 음악은 '불평과 울음'이라고 확실하게 관찰했다. 아기가 태어나는 즉시 울 때 가슴과 내장이 편안해지므로 울음을 막아서는 안 된다.

여러 덕목의 으뜸인 절제와 검소함에 대해 말할 때, 아이들이 받

코메니우스의 유아학교

아야 하는 것들에 대해 다른 어머니들이 알고 있는 것보다 더 잘 알고 있었다. "음식과 음료수와 수면은 순리에 따라 주라. 어머니의 뜻대로 강요하거나 억지로 잠자게 하는 것은 미친 짓"이라고 코메니우스는 말했다.

필요없이 약을 남용하는 것은 소화와 건강을 나쁘게 하고, "습관성이 되게 하며 면역력을 잃게 해서 필요할 때 효과가 없어진다."라고 서술한 것은 코메니우스보다 현대 소아과 의사들의 말이다. 오늘날 최고의 의사들처럼, 그 또한 아이들의 숙면을 돕고, 흐르는 시내의 꽃처럼 몸과 마음을 키우는 음식, 의복, 일, 운동에 대해 명확히 말했다.

많은 학교가 교육에 대해 좁은 식견을 가지고 있을 때 코메니우스는 건강의 기초를 닦은 후 예술과 과학 교육의 기초를 다져야 한다고 했다. 우리가 보았듯이, 그는 기하학의 기초, 천문학, 역사, 수학, 문학의 기초, 음악, 예술, 수작업의 기초, 모든 직무의 기초 등 지식의 제 분야를 어머니학교(Mother-School, 가정에서의 교육을 의미)에서 초기 6년간 쉽게 할 수 있는 방법을 보여 주었다.

너무나 많은 부모들이 인성의 기초를 닦아야 하는 시기에 지식을 가르치려다가 실패한다. 이런 부모를 둔 아이들은 좋든 나쁘든 간에 되는 대로 배울 수밖에 없다.

코메니우스에 의하면 "아이들은 자기 혼자 고귀함과 지혜를 갖출 수 없다. 쉼 없는 노력으로 형성될 뿐이다. 부모들은 이 일을 아이가 큰 후 교사나 성직자에게 맡겨서 하겠다는 생각을 해서는 안 된다. 이미 잘못 자란 나무를 나중에 곧게 하기란 불가능하기 때문이다."라고 말하였다.

부모들을 돕기 위해 코메니우스는 『유아학교』에 실제 활용할 수 있는 지식을 수록했다.

많은 내용은 그 당시의 사람들이 따르던 미신을 따르지 않고 관찰한 것에 기초한 것이어서 오늘날 더 도움이 된다. 파격적으로 그는 "모든 과학과 예술의 근원은 어린 시기에 키워질 수 있다."는 것을 증명하려 했는데 그 목적을 달성하였다.

이 현명한 이상주의자는 육체와 정신으로 끝내지 않았다. 생활과 함께 지식을 가르치지 않는다면 교육은 쓸모없다고 그는 보았다. 현대교육은 코메니우스가 제시한 가르침의 좋은 점들을 종종 잊어버린다. 현대교육은 실천을 수반하지 않고 이론에만 치우쳐 불균형을 가져왔다. 현대교육은 영혼을 잃어버리고 사물만 가르쳐 교육의 진수를 빼앗았다.

코메니우스는 인간의 상태에 매우 중요한 예술과 과학을 무시하지 않았다. 그러나 그는 모든 것을 '천상의 작은 식물'로 보았다. 그는 인간의 영혼과 그 일시적인 구조인 육체를 정확하게 알았다. 그는 사람이 의식적으로 마음과 육체뿐 아니라 품성과 영혼을 가꾸지 않는다면 생명을 잃게 될 것을 알았다. 내면의 영적 생명이 없는 지옥이라면 배움이 무슨 소용이 있겠는가?

만약 코메니우스가 오늘날 살았다면, 그는 물질 중심적인 심리학자들에게 글을 썼을 것이다. 그러나 그보다 그는 그의 훌륭한 능력을 발휘해 심리학자들의 한계를 넘어 무슨 일인가를 했을 것이다. 그는 하나님의 통치를 굳게 믿었지만, 또한 그는 인간에게 주어

코메니우스의 유아학교

진 책임도 믿었다. 첫 번째 '육체와 영혼의 형성'에서 아이들은 일생 갖게 될 기초를 형성하게 된다. "잡초는 나오는 즉시 싹부터 잘라야 한다. 나쁜 습관들은 싹부터 잘라야 한다. 이것은 나중에 자라서 뿌리를 깊이 내리듯이 악한 성향이 자란 후 고치기보다 어렸을 때 하는 것이 더 쉽다."

(어른들은) 아이들보다 더 현명해져야 한다. (아이의) 잘못을 고쳐 주고, 울고 있는 아이를 위해서는 옆에 물건을 놓아 주어라. "아이가 우는 것에 상관하지 말라. 아이가 충분히 울면 그칠 것이고, 시간이 지나 나중에는 더 나은 방법을 알게 되어 그친 것이다."

좋은 습관과 미덕은 성형력이 높은 유아기에 쉽게 형성된다. 적절한 방법으로 교육한다면, "끊임없는 예시를 보여 주고, 현명한 교수 방법을 적용하고, 매일 해 볼 수 있게 하며, 버릇을 제대로 키운다면" 잘 자랄 것이다.

인생은 초기 6년 동안의 어머니 교육(the School of the Mother)으로 형성된 습관이 신경계를 이룬다. 좋든 나쁘든 간에 처음 아이들에게 붙은 것은 무엇이든지 그들이 사는 동안 일생 붙어 있게 되기 때문에 떼낼 수 없다. 성장하는 정신은 녹아 있을 때 모양을 만들어야 하는 밀랍과도 같다. 밀랍이 굳은 후에는 그 모양이 그대로 유지된다. 이 모양을 변형시키려면 힘이 많이 들든지 공격적인 방법을 써야 바꿀 수 있고 또 바꿀 수 있더라도 제대로 되지 않는다. 처음부터 잘 만들어진 것과 나중에 다시 고쳐 만든 것은 많이 다르다. "밀랍은 불에 녹여 다시 부드럽게 해서 잘못된 형상을 바꿀 수 있지만, 뇌는 한 번 받은 것은 어떻게 하더라도 지워지지 않는다. 사람

II. 코메니우스의 생애와 업적

이 한 번 받은 인상을 지우려고, 심지어 그가 간절히 원해서, 어떠한 기교와 방법을 쓴다 해도 그것은 지울 수 없다. 다른 사람이 지운다는 것은 더더욱 될 수가 없다."

그러므로 정신의 교육은 미룰 수 없다. 이 교육은 태어나기 전에 부모의 경건한 마음과 어머니의 기도로 시작되어야 한다. 특히 이것은 "작고 사랑스러운 꽃이 피어나듯 이성이 깨어나기 시작하는 두 살 때 시작되어야 한다. 만약 생후 초기의 교육이 제대로 되지 않았다면 절대적으로 보충되어야" 한다.

언급했듯이 현대교육의 아버지인 코메니우스는 우리의 교육체제, 방법 그리고 철학에 깊은 영향을 미쳤다. 우리의 학교는 꾸준히 그의 이념을 소개하고 있다. 그러나 오늘날의 과학과 현장 실험(코메니우스는 '합리적인 세계'로 표현)의 결과, 우리는 인성교육을 강조하는 대신, 과학적 기능에만 몰입하게 되었다. 이러한 불균형으로 인해 세상은 스스로 엄청난 고난을 겪게 될지도 모른다.

코메니우스는 인생의 시작과 끝은 믿음에 있다고 믿었다. "미친 사람의 손에 있는 칼과 검과 무기가 더 날카롭고 위험해지듯이, 하나님을 믿는 마음을 기르지 않는 교육은 이익보다는 해가 더 많을지 모른다." 사람의 정신이 더 예리해지면 질수록, 육체와 자신만을 위해 사는 것에서 오는 괴로움은 더 참기 힘들 것이다. 모든 교육은 첫째로 "미래의 삶을 위해 이루어져야 한다. 다시 바꾸어 말하자면, 삶이란 죽음과 죽어야 할 운명을 지니고 지나가는 유배의 길이기 때문이다. 현재의 삶은 완전한 삶이 아니다."

코메니우스의 유아학교

헤아릴 수 없는 가치

한 세기 전, 독자들에게 쓰는 사과문에서 벤험(Benham)은 이 위대한 교육학의 책을 번역하는 데는 두 가지의 목적이 있다고 했다. 첫 번째로, 그는 '엄청나게 중요한 주제'를 꼽았다. 두 번째로, "비록 1633년 처음 출판된 이래 무수한 책이 쓰였으나, 신실한 기독교인 어머니에게 측정할 수 없는 가치의 작품으로서 아직 이 책에 견줄 만한 것이 없다."고 믿었기 때문이다.

비슷한 견해여서 편집자(Eller)도 다시 이 책을 발간하게 되었다. 핵무기 시대의 우리도 코메니우스의 시대처럼 분노의 폭풍 속에서 흔들리고 있다. 우리가 어떻게 그 폭풍을 이겨낼지는 아무도 예견하지 못한다. 그러나 만약 이 작은 책을 따르다 보면 쉬워질지도 모른다. 코메니우스의 교회인 형제교단이 미국에서 500주년 기념을 하는 이 해에 『유아학교』를 재판하는 것은 적절한 일로 보인다.[52]

어머니들 이외에도, 다른 교사들이 이 강력하고 실용적인 책을 읽어 그들이 키워낼 미래 지도자를 성공적으로 교육하는 데 도움받기를 바란다. 이제 당신의 마음을 뺏는 이 책에서 코메니우스의 지혜를 배워 실용적인 동시에 지구와 별 사이에서 좌절하며 사는 대신 균형을 지키며 살게 되기를 바란다. 아이들을 위해 건설적인 삶을 형성하게 하는 고귀한 책을 읽기 바란다. 이 작업은 세대를 거쳐 세상을 발전시키기 위해 이 작품을 공유한 코메니우스의 아이들(그의 혈통을 이은 아이들과 학교의 아이들)로 증명되었다. 이 작업은 오늘날에도 음산한 얼굴의 정신이 아닌 행복의 정신을 가진 사람에게서 성공할 것이다. 평생 동안 사람의 좋은 점을 찾은 이 현명한 사람은 부모들에게 말한다. "부모들은 특히 아이들이 놀이, 노동, 사랑과 희생, 꿈과 행동에서 기뻐하지 않을 일은 시키지 않도록 주의해야 한다. 가슴속의 기쁨은 사람의 수명과도 같다."

그래서 우리는 이 책이 당신의 아이에게 최고의 혜택을 가져다줄 수 있기를 바란다. 그리고 이 책이 우리에게 위대하고 고귀한 운명을 가져다주는 데 도움이 되기를 바란다.

코메니우스의 유아학교

1 John Amos Comenius, *Rules of Life* (London, 1865, translator unknown), 9. Written to one of his students, Christian Cochlevius, on the "9th of une, 1645, the day on which you depart from me."

2 Montaigne, whose criticisms of education stimulated Comenius' thoughts, died this year. Francis Quarles, who composed the lines under Comenius' ortrait in this book, was also born in 1592. He died in 1644, two years after he outbreak of the civil war that ended Comenius' visit to England and large projects for him by his friends with the English Parliament. Some of his philosophic comments could have been written of Comenius. In *Emblems* he says, "Be always displeased with what thou art, if thou desire to attain what thou art not; for where thou hast pleased yourself, there thou abidest." in *Esther* he writes a line that could be written many times over of Comenius, "He that hath no cross deserves no crown."

3 For a brief account of their settlement in America see E. M. Eller, *Houses of Peace* (New York, 1937). For a remarkable and fascinating series of transiations of their early North Carolina documents and a detailed record of their settlement and life in western North Carolina, the reader is referred to Dr. Adelaide L. Fries' seven splendid volumes, *Records of the Moravians in North Carolina* (Raleigh: Edwards & Broughton, 1922–1954), and a final volume by Dr. Douglas L. Rights which continues in her high standards of scholarship and editing.

4 Comenius, *Rules of Life*, p. 11.

5 Eller, *Houses of Peace*, p. 30. See W. N. Schwarze, *John Hus the Martyr of Bohemia* (New York, 1915), p. 55. It is of interest that before becoming dictator Mussolini wrote a life of this great forerunner of

Luther. It was printed in the United States and printed again in another translation on the eve of World War II (*John Hus the Veracious* [New York, 1939]). This is by no means a scholarly work but rather a polemic against the Roman Catholic Church. A comparison of the two translations, however, shows that the later one in 1939 does not suppress the attacks on the Church, though at the time Mussolini was in power and was seeking to get along with the Church authorities.

6   Dr. Raymond S. Haupert, *Pioneers in Moravian Education*, Brochure (Winston Salem, N. C., and Bethlehem, Pa., 1954). See Great Didactic, XI, 7. Similar statements appear in *The School of Infancy, The Labyrinth of the World*, and elsewhere.

7   Comenius, *The Labyrinth of the World*, trans. Count Lutzow (London and New York, 1901, 1950, and other editions).

8   Comenius, *Rules of Life*, p. 15.

9   Jan Kvačala (ed.), *Korrespondence J. A. Komenského* (Praha, 1897), I, 119, as quoted in Matthew Spinka, *John Amos Comenius That Incomparable Moravian* (Chicago, 1943), p. 102.

10 Eller, *Houses of Peace*, p. 43.

11 Comenius, *The Labyrinth of the World*, trans. Matthew Spinka (Chicago, 1942), p. 26. Professor Spinka presents a translation in modern diction in contrast with the old fashioned style of Count Lutzow. Each translation is very readable and has its own unique superiorities. In connection with this comment on marriage in Dr. Spinka's interesting translation, one may note that the sweet exceeded the bitter for Comenius even in this age of plague and disaster. He married twice again.

12 J. E. Hutton, *History of the Moravian Church* (London, 1909), p. 200.

13 Vladímír Jelínek (trans.), *The Analytical Didactic of Comenius* (Chicago, 1953), pp. 6-7.

14 Nicholas Murray Butler, *The Place of Comenius in the History of Education* (Syracuse, 1892).

15 M. W. Keatinge, *Comenius, The Great Didactic* (abridged) (New York, 1931), p. 15.

16 Comenius, *The School of Infancy. An Essay on the Education of Youth During Their First Six Years to which is prefixed a sketch of the Life of the Author*, trans. Daniel Benham (London, 1858), p. 9.

17 *Ibid.*, p. 14.

18 Comenius, *The School of Infancy*, ed. Will S. Monroe (Boston, 1896), P. 36n.

19 See *infra*, pp. 73-74.

20 See *infra*, p. 101.

21 See *infra*, pp. 116-117.

22 C. W. Bardeen (ed.), *The Orbis Pictus of John Amos Comenius* (Syracuse, 1887), p. xv.

23 Comenius, *The Labyrinth of the World*, trans. Spinka, pp. 36-37.

24 E. P. Cubberley, The History of Education (Boston and New York, 1920), p. 413, as quoted in Spinka, *John Amos Comenius*, p. 54.

25 Keatinge, *Comenius*, p. 5.

26 Frank P. Graves, *A Student's History of Education* (New York, 1936), P. 175. (See also his *Great Educators of Three Centuries* [New York, 1912]. Chap. IV is excellent on Comenius.)

27 Bardeen (ed.) *The Orbis Pictus of John Amos Comenius*, pp. xiv, xv.

28 Jelínek (trans.), *The Analytical Didactic of Comenius*, pp. 144-45.

29 *Ibid*, pp. 106-7.

30 *Ibid*, pp. 107-8.

31 *Ibid.*, pp. 159-63.

32 J. W. Adamson, *Pioneers of Modern Education*, 1600-1700 (Cambridge, 1921), p. 64, as quoted in Spinka, *John Amos Comenius*, p. 48.

33 Comenius, *Didactica magna*, chap. 18, p. 28, as quoted in Spinka, *John Amos Comenius*, p. 52.

34 Jelínek (trans.), *The Analytical Didactic of Comenius*, p. 7.

35 *Ibid*, p. 8.

36 Adamson, *Pioneers of Modern Education*, 1600–1700, p. 64, as quoted in Spinka, *John Amos Comenius*, p. 48.

37 Cotton Mather, *Magnalia Christi Americana* (New Haven, 1820), II, iv, 10, par. 5. For a discerning discussion of this question see S. E. Morison's splendid *The Founding of Harvard College* (Cambridge, Mass., 1935), I, 242 ff.

38 Comenius, *The School of Infancy*, trans. Benham, p. 83.

39 Comenius, *The Bequest of the Unity of Brethren*, trans. Matthew Spinka (Chicago, 1940), pp. 22–31.

40 *Ibid.*

41 Otakar Odložilík, *Jan Amos Komenský* (Chicago, 1942) pp. 7–12.

42 Comenius, *Pansophiae diatyposis*, "*A Patterne of Universall Knowledge in a Plain and True Draught,*" p. 179, trans. Jeremy Collier, as quoted in Spinka, *John Amos Comenius*, p. 99.

43 Comenius, *Continunatio admonitionis*, par. 109, as quoted in Spinka, *John Amos Comenius*, p. 129.

44 *Ibid.*, p. 130.

45 Comenius, *The School of Infancy*, trans. Benham, p. 102.

46 *Ibid.*, p. 130.

47 *Ibid.*, p. 128.

48 Eller, *Houses of Peace*, p. 47. Hutton, *A History of the Moravian Church*, and Edmund de Schweinitz, *The History of the Church Known as the Unitas Fratum or the Unity of the Brethren* (Bethlehem, 1885), were invaluable to the editor in this and other sections.

49 Eller, *Houses of Peace*, p. 48.

50 The full history of this text is not known. It or similar material reached Halle about 1700 and was used by Budde for an edition of *Panegersia (Universal Awakening)*, the first of seven volumes in Comenius' *General Consulatation About the improvement of Human Affairs*, one of the two

코메니우스의 유아학교

volumes he himself had published. Then the material was apparently lost in the files. For details on the recovery of this material, by Professor Dimitri Cyzevskij, see Matthew Spinka, "Comenian Pansophic Principles," *Church History* (June, 1953), pp. 155-165. This original Latin text has not yet been published, though two parts have been translated and published in Czech. As V. Jelínek says, "We certainly cannot arrive at any just estimate of Comenius' position in the intellectual history of Europe until the newly discovered parts of the *Consultatio* have been ······ carefully studied." (*The Analytical Didactic of Comenius*, pp. 225-26)

51 Comenius, *The School of Infancy*, trans. Benham, pp. 154-55. All of the foregoing extracts are from Benham. His free rendering of *The One Thing Needful* varies from literal translations of this great book, but no other translation matches his in expressing the spirit of Comenius' purpose.

52 The Moravians first came to America in the West Indies, Greenland, and the colony of Georgia. John and Charles Wesley voyaged in the same ship with the second group to Georgia in 1735, became deeply attached to the Moravians there and in London, and considered joining this dedicated church. From Georgia che missionary settlers moved to Bethlehem, Pa. In 1753 they sent a carefully selected group to Carolina to begin the development of a 100,000-acre tract of land bought from the Earl of Granville. Here in time they founded their chief community of Salem, now part of Winston-Salem, N. C. Bethlehem and Winston-Salem, with surrounding communities, continue today as major centers of this world-wide missionary church.

저자 소개

요한 아모스 코메니우스(Johann Amos Comenius, 1592~1670)
체코슬로바키아의 교육사상가로, 현대교육의 아버지라고 불리며, 저서로는 『대교수학』 『세계도회』 『유아학교』가 있다.

역자 소개

이원영(Rhee Won-Young)
경기여자고등학교 졸업
대전보육초급대학 보육과 졸업
이화여자대학교 사범대학 교육학과 학령전교육 전공(현 유아교육과) 졸업
이화여자대학교 대학원 교육학과 학령전교육 전공(석 · 박사)
미국 University of Washington 대학원 유아교육 MEd
영국 Sheffield University 방문교수
배재학당 재단이사
전국 유아교사양성사립대학 교수협의회 회장
한국유아교육학회 회장
세계유아교육기구(OMEP) 한국위원회 회장
대통령 자문기구 교육개혁위원회 위원
대통령 자문기구 교육인적자원개발정책위원회 위원
여성부 정책자문위원회 자문위원
유아교육법 제정을 위한 유아교육대표자연대 의장
환태평양유아교육연구회(PECERA) 회장
현 중앙대학교 사범대학 유아교육학과 명예교수
　교육부중앙유아교육위원회 부위원장
　PECERA Executive Board member

코메니우스의
유아학교
The School of Infancy

2022년 2월 15일 1판 1쇄 인쇄
2022년 2월 20일 1판 1쇄 발행

지은이 • 요한 아모스 코메니우스
옮긴이 • 이원영
펴낸이 • 김진환
펴낸곳 • ㈜ 학지사

　　　　　　04031 서울특별시 마포구 양화로 15길 20 마인드월드빌딩
대표전화 • 02-330-5114　　팩스 • 02-324-2345
등록번호 • 제313-2006-000265호

홈페이지 • http://www.hakjisa.co.kr
페이스북 • https://www.facebook.com/hakjisabook

ISBN 978-89-997-2600-2 93370

정가 13,000원

출판 · 교육 · 미디어기업 학지사

간호보건의학출판 학지사메디컬 www.hakjisamd.co.kr
심리검사연구소 인싸이트 www.inpsyt.co.kr
학술논문서비스 뉴논문 www.newnonmun.com
교육연수원 카운피아 www.counpia.com